Anja Cantzler

Gruppenleitung in der Kita

Haltung – Rolle – Aufgaben

Mit 39 Abbildungen und 1 Tabelle

Vandenhoeck & Ruprecht

Bibliografische Information der Deutschen Nationalbibliothek:
Die Deutsche Nationalbibliothek verzeichnet diese Publikation in der
Deutschen Nationalbibliografie; detaillierte bibliografische Daten sind
im Internet über http://dnb.de abrufbar.

© 2019, Vandenhoeck & Ruprecht GmbH & Co. KG, Theaterstraße 13, D-37073 Göttingen
Alle Rechte vorbehalten. Das Werk und seine Teile sind urheberrechtlich
geschützt. Jede Verwertung in anderen als den gesetzlich zugelassenen Fällen
bedarf der vorherigen schriftlichen Einwilligung des Verlages.

Umschlagabbildung: © Anja Cantzler, 2018
Fotografien und Abbildungen, wenn nicht anders gekennzeichnet: © Anja Cantzler

Satz: SchwabScantechnik, Göttingen
Druck und Bindung: ⊕ Hubert & Co. BuchPartner, Göttingen
Printed in the EU

Vandenhoeck & Ruprecht Verlage | www.vandenhoeck-ruprecht-verlage.com

ISBN 978-3-525-70269-7

Inhalt

1 Einführende Gedanken 7
2 Aufgabe und Rolle der Gruppenleitung 11
   2.1 Aufgaben im Handlungsfeld Kinder, Eltern, Kleinteam,
       Großteam und Leitung 12
   2.2 Erwartungen und Anforderungen an die Rolle 15
   2.3 Gruppenleitung als Schnittstelle zwischen Leitung
       und Kleinteam 16
   2.4 Erforderliche Eigenschaften und Kompetenzen 17
   2.5 Ausblick und Chance – Vorbereitung auf die Leitungsrolle 20

3 Praktische Entwicklung einer Rolle –
   Hintergrundwissen und Methoden 23
   3.1 Die eigene Persönlichkeit 24
       3.1.1 Motivation benennen 27
       3.1.2 Ressourcen und Kompetenzen erkennen 30
       3.1.3 Persönliche Führungserfahrungen 32
       3.1.4 Persönliche Werte und Ziele benennen 34
       3.1.5 Die eigene Persönlichkeit weiterentwickeln 37
   3.2 Der Teamprozess 38
       3.2.1 Dynamik im Team verstehen 40
       3.2.2 Prozesse im Team begleiten 47
       3.2.3 Veränderungen angehen 49
   3.3 Die Teammitglieder 56
       3.3.1 Individuelle Kompetenzen und Ressourcen entdecken 58
       3.3.2 Teamrollen und Zuständigkeiten akzeptieren 63
       3.3.3 Gemeinsame Ziele formulieren und erreichen 70

3.4 Die Kommunikation im Team 73
    3.4.1 Ursachen von Missverständnissen lokalisieren 74
    3.4.2 Ich-Zustände und Rollen in der Kommunikation erkennen ... 78
    3.4.3 Kommunikationsstile erkennen 85
    3.4.4 Austausch und Dialog konstruktiv gestalten 89
    3.4.5 Gemeinsam Entscheidungen treffen 92
    3.4.6 Informationswege sinnvoll nutzen 96
3.5 Zeitmanagement und Delegieren 98
    3.5.1 Prioritäten setzen 98
    3.5.2 Delegieren lernen 101
    3.5.3 Stressverstärker vermindern 106
    3.5.4 »Nein« sagen dürfen 109
3.6 Konflikte und Schwierigkeiten bewältigen 111
    3.6.1 Konfliktursachen benennen 113
    3.6.2 Konfliktphasen erkennen 114
    3.6.3 Mit »schwierigen« Kolleg*innen umgehen 118
    3.6.4 Unterschiedliche Werte verstehen lernen 122
    3.6.5 Konstruktiv Kritik üben 127

4 Abschließende Worte 133

Dank 137

Literatur 139

Code für digitales Zusatzmaterial 142

1 Einführende Gedanken

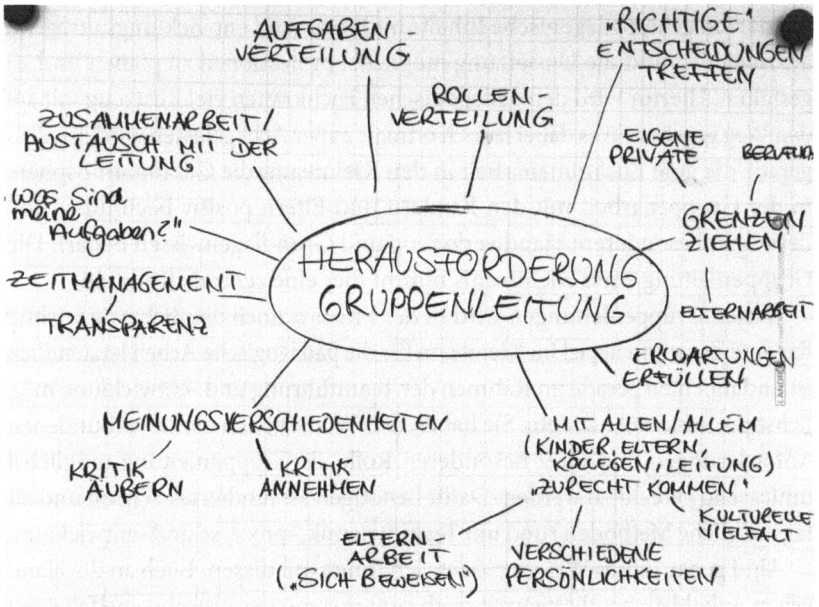

Abb. 1: Herausforderung Gruppenleitung

Die Zeiten, in denen ein*e Erzieher*in »nur« pädagogische Fachkraft ist, sind insbesondere in größeren Kindertageseinrichtungen vorbei. Als Gruppenleitung übernehmen sie, neben der Umsetzung des gesetzlichen Auftrags von Bildung, Betreuung und Erziehung der Kinder und der partnerschaftlichen Zusammenarbeit mit den Eltern, auch die Verantwortung für die Zusammenarbeit in ihrem Gruppenteam. Gruppenleitungen stehen somit vor vielfältigen Aufgaben und Herausforderungen (s. Abb. 1), die erst mit der Rollenübernahme in der praktischen Arbeit erlebt werden und jeden Tag aufs Neue in vielfältigster Art und Weise sichtbar werden.

Eine solch besondere Anforderung kann beispielsweise die Beförderung zur Gruppenleitung sein, wenn er*sie zuvor als Fachkraft im selben Team beschäftigt war oder als Berufsanfänger*in die Rolle der Gruppenleitung in einem erfahrenen Team übernimmt. Aber auch erfahrene Gruppenleitungen erleben im Alltag Situationen und Konflikte in der Zusammenarbeit mit ihren Teamkolleg*innen, in denen sie an ihre Grenzen stoßen und sich diesen Anforderungen gemäß ihrer Erfahrung und/oder Persönlichkeit mal mehr und mal weniger gewachsen fühlen.

In den letzten Jahren wurde seitens des Gesetzgebers eine große Qualitäts- und Bildungsoffensive angestoßen, wobei es in erster Linie immer wieder darum geht, pädagogische Inhalte bildungs- und entwicklungsanregend auszuwählen und die Umsetzung möglichst professionell zu planen und zu gestalten. Hierfür wird den pädagogischen Fachkräften viel Rüstzeug mit auf den Weg gegeben. Was dabei jedoch oftmals außer Acht gelassen wird, ist, dass gerade die gute Zusammenarbeit in den Kleinteams die Gesamtatmosphäre in der Gruppenarbeit mit den Kindern und Eltern positiv beeinflusst und deswegen besonderem Handwerkszeug und Grundlagenwissen bedarf. Die Gruppenleitung eines Kleinteams nimmt hier eine zentrale Rolle ein.

Vielen Gruppenleitungen wird in der Praxis schnell deutlich, wie wichtig das gute Zusammenspiel im Kleinteam für die pädagogische Arbeit letztendlich ist und möchten gerade im Rahmen der Teamführung und -entwicklung möglichst professionell handeln. Sie haben den Wunsch, den damit verbundenen Anforderungen und ihrer besonderen Rolle als Gruppenleitung möglichst umfassend gerecht zu werden. Dafür benötigen sie fundiertes Wissen und alltagstaugliche Methoden rund um Teamdynamik, -prozesse und -entwicklung.

Und genau dieses Wissen möchte ich Ihnen mit diesem Buch an die Hand geben. Inhaltlich beschäftige ich mich zunächst mit der Aufgabenvielfalt einer Gruppenleitung – mit dem besonderen Fokus auf die Mitarbeiterführung und möchte somit zur Rollenklärung beitragen. Daran schließen verschiedene Themen an, die zum einen die Auseinandersetzung mit der eigenen Person und Persönlichkeit ermöglichen und zum anderen Anregungen geben, die Ressourcen der Mitarbeiter*innen zu entdecken. Darüber hinaus vermittelt es Grundwissen über Teamdynamik, -prozesse und -entwicklung und bietet Möglichkeiten, dies praktisch auf das eigene Team anzuwenden. Weitere Themen sind die Kommunikation im Team, Umgang mit schwierigen Situationen und das Zeitmanagement. Die einzelnen Kapitel müssen nicht grundsätzlich der Reihe nach gelesen werden. Fangen Sie einfach damit an, was Sie am meisten interessiert. In manchen Kapiteln finden Sie die notwendigen Querverweise.

Das Buch verbindet theoretisches Hintergrundwissen mit der spezifischen Praxis des Arbeitsfelds einer Gruppenleitung in einer Kindertageseinrichtung. Es ist angereichert durch den themenspezifischen Austausch und die Erfahrungen mit Seminarteilnehmer*innen aus meinen verschiedenen Fortbildungen und Beratungen. Dadurch wird es sehr praxisnah. Es bietet anwendbare Modelle, Formulare und Anregungen, mit deren Hilfe Sie sich und Ihr Team immer wieder reflektieren und die konkrete Teamarbeit gestalten können. Ergänzende Materialien hierfür sind als digitales Zusatzmaterial (🖱) hinterlegt und kostenlos über die Website zu diesem Buch abrufbar.

Und nun lade ich Sie herzlich ein, sich offen und neugierig auf die Inhalte einzulassen. Sie werden Neues erfahren, Bekanntes auffrischen und hoffentlich vieles ausprobieren. Lernen Sie sich selbst und Ihre Mitarbeiter*innen besser kennen. Stellen Sie sich Ihrer Herausforderung und nutzen Sie dieses Buch als kleine Schatzkiste auf Ihrem Weg.

Anja Cantzler

2 Aufgabe und Rolle der Gruppenleitung

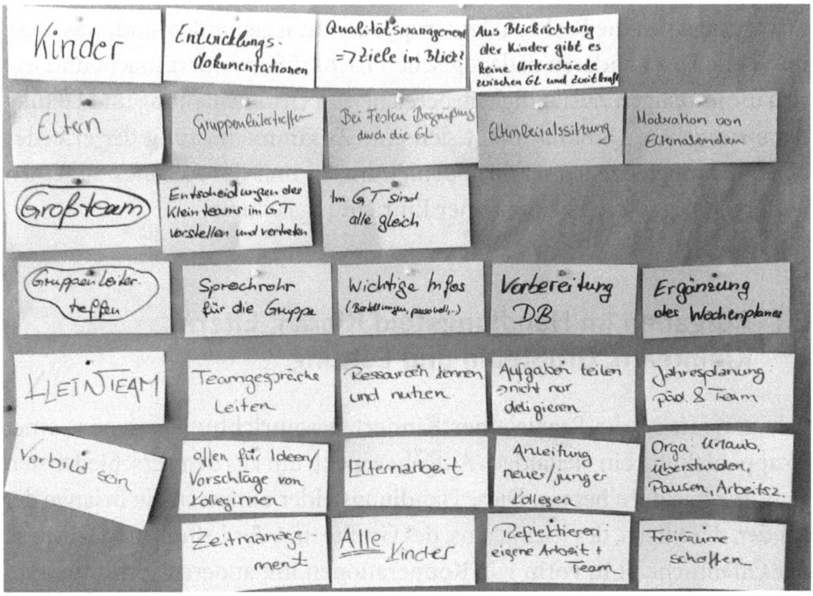

Abb. 2: Handlungsfelder und Aufgaben

Die Position der Gruppenleitung gibt es in den meisten Kindertageseinrichtungen und beschreibt zunächst einmal eine besondere Rolle der Fachkraft innerhalb eines Kleinteams. An diese Position sind besondere Aufgaben, Heraus- und Anforderungen (s. Abb. 2), aber auch Erwartungen von den verschiedensten Seiten, z. B. Leitung und Teamkolleg*innen, geknüpft.

Es gibt in der Praxis viele Wege, die Personen in diese Position und Rolle führen. Mir begegnen in meinen Seminaren die unterschiedlichsten Menschen mit den unterschiedlichsten Beweggründen, die sie schließlich in diese Position geführt haben.

Einige entscheiden sich im Laufe ihres Berufslebens bewusst für die Übernahme, andere werden aufgefordert oder dazu bestimmt. Auch das Einstiegsalter der einzelnen Personen in diese Position ist sehr unterschiedlich – da gibt es Jüngere und Ältere. Aber egal ob freiwillig oder fremdbestimmt, ob jung oder alt, ob männlich, divers oder weiblich ... den meisten ist gemeinsam, dass sie sich zunächst einmal in ihrer Position orientieren müssen und einige Aufgaben und Anforderungen an sie gestellt werden, mit denen sie nicht gerechnet haben oder auf die sie sich oftmals fachlich nicht ausreichend vorbereitet fühlen.

Im Folgenden gilt es daher, erst einmal zu klären, welche Aufgaben und Erwartungen an die Position der Gruppenleitung gebunden sind, was diese im Vergleich zu anderen pädagogischen Fachkräften anders macht und wie sich die jeweiligen Zuständigkeitsbereiche von Gruppenleitung und Leitung daraus ergeben. Daran schließt sich eine Zusammenfassung der erforderlichen Kompetenzen einer Gruppenleitung an und der Ausblick auf einen weiteren Weg in die Position einer Einrichtungsleitung.

2.1 Aufgaben im Handlungsfeld Kinder, Eltern, Kleinteam, Großteam und Leitung

Schauen wir in die Praxis einer Kindertageseinrichtung begegnet einer Gruppenleitung ein vielfältiges Aufgabenspektrum aus den verschiedensten Handlungsfeldern heraus. Diese Handlungsfelder umfassen die Belange der Kinder, der Eltern, des Kleinteams, des Großteams, der Leitung und teilweise der Öffentlichkeit in Form von Kooperationen mit anderen Institutionen.

So ist ihre fachliche und persönliche Kompetenz in der pädagogischen Arbeit mit den Kindern und Eltern und dem Umgang mit der Öffentlichkeit genauso gefragt wie in der Zusammenarbeit mit den Kolleg*innen im Kleinteam/Großteam sowie in der Kooperation mit der Leitung.

Um einen ersten Überblick über einen Teil der Aufgabenvielfalt einer Gruppenleitung zu bekommen, finden Sie in Tabelle 1 eine Übersicht, ausgehend von den verschiedenen Handlungsfeldern.

Tabelle 1: Aufgaben der Gruppenleitung nach Handlungsfeldern

Handlungsfeld	Aufgaben
Kinder	Bezüglich der Bildung, Erziehung und Betreuung der Kinder hat die Gruppenleitung grundsätzlich die gleichen Aufgaben wie die anderen pädagogischen Fachkräfte:
	Bindungsaufbau, Begleitung durch den Tagesablauf, Berücksichtigung der individuellen Entwicklungsbedürfnisse, beziehungsvolle Pflege, Planung, Vorbereitung und Durchführung pädagogischer Angebote etc.
Eltern	Bezüglich der Zusammenarbeit mit Eltern steht die Gruppenleitung mit den pädagogischen Fachkräften auf einer Stufe:
	Aufbau einer Erziehungspartnerschaft, Planung, Vorbereitung und Durchführung von Elternabenden, Elternaktionen, Eltern- und Entwicklungsgesprächen etc.
	Teilnahme bei Elternratssitzungen
	Durchführung und Begleitung von Konfliktgesprächen
Leitung	Erste Ansprechpartner*in für die Leitung
	Vermittler*in und Interessensvertretung zwischen Kleinteam und Leitung
Gesamtteam	Im Gesamtteam hat die Gruppenleitung i. d. R. keine herausragende Aufgabenzuordnung: aktive Teilnahme an Dienstbesprechungen, Mitarbeit- und Fortschreiben des Konzeptes, Übernahme von Aufgaben in der Gesamteinrichtung, Vertretung in anderen Gruppen etc.
	Ausnahme: Teilnahme an spezifischen Gruppenleiterbesprechungen
Kleinteam	Einarbeitung neuer Kolleg*innen
	Planung, Vorbereitung und Durchführung der pädagogischen Arbeit mit Kindern und Eltern in Kooperation mit den Gruppenkolleg*innen unter Einbeziehung der Gesamtkonzeption/ggf. in Rücksprache mit der Leitung
	Vorbereitung und Durchführung der Kleinteambesprechung
	Delegation und Verteilung von Aufgaben an die Kleinteamkolleg*innen
	Fachaufsicht für die anderen pädagogischen Fachkräfte der Gruppe
	Ggf. Anleitung von Praktikant*innen

Ergänzend hierzu finden Sie ein Musterbeispiel für eine Stellenbeschreibung als digitales Zusatzmaterial.

Musterbeispiel Stellenbeschreibung

Betrachtet man diese Tabelle mit den Aufgaben der Gruppenleitung, gibt es offensichtlich viele Parallelen zwischen den Aufgaben der Gruppenleitung und denen anderer pädagogischer Fachkräfte.

Auch der Vergleich verschiedenster Stellenbeschreibungen für Gruppenleitungen lässt größtenteils – unabhängig vom Träger – den Schluss zu, dass die Aufgaben einer Gruppenleitung und anderer pädagogischer Fachkräfte – vorausgesetzt es handelt sich um die gleiche berufliche Qualifikation – sich tatsächlich nur wenig voneinander unterscheiden.

In den Handlungsfeldern der pädagogischen Arbeit mit Kindern und Eltern gibt es demzufolge eine hohe prozentuale Überschneidung der einzelnen Aufgaben. Im Einzelfall kann der Gruppenleitung eine besondere Aufgabe als erste*r Ansprechpartner*in für die Eltern oder als Teilnehmer*in am Rat der Einrichtung zugesprochen werden.

Auch in der Zusammenarbeit im Großteam lassen sich nur wenige Unterscheidungen herauslesen. Hier gibt es im Einzelfall sogenannte Gruppenleiterbesprechungen, bei denen die einzelnen Gruppenleitungen der verschiedenen Gruppen zu einem gesonderten Gremium mit der Leitung zusammenkommen. Innerhalb des Großteams nimmt die Gruppenleitung die Rolle eines Teammitglieds ein und kann sich hier wie jeder andere auch an der Weiterentwicklung der Einrichtung und der pädagogischen Arbeit beteiligen. Auch hier liegt es eher im Ermessen der einzelnen Leitung, inwieweit sie den Gruppenleitungen besondere Aufgaben und Zuständigkeitsbereiche überträgt. In der Praxis ist dies in der Regel davon abhängig, ob eine eher klare oder flache Hierarchie gelebt und praktiziert wird. Und dies geht in der Regel mit dem Führungsstil und den Vorgaben des Trägers einher.

Der konkrete Unterschied zwischen Gruppenleitung und Fachkraft wird in diversen Stellenbeschreibungen wie folgt auf den Punkt gebracht: »Die Aufgaben der Gruppenleitung und der Fachkraft unterscheiden sich dadurch, dass die Gruppenleitung selbständig die Verantwortung für die Planung und Durchführung der pädagogischen Arbeit sowie für die Abstimmung und Koordination in der Gruppe gemeinsam mit den in der Gruppe tätigen Gruppenmitgliedern im Rahmen der Gesamtkonzeption trägt.« Andere Träger gehen sogar soweit, dass der Gruppenleitung ausdrücklich die »Weisungsberechtigung in Bezug auf die Fachaufsicht für die weiteren (pädagogischen) Fachkräfte der Gruppe« übertragen wird.

Das bedeutet also, dass die Gruppenleitung hier eine (kleine) Führungsrolle im Rahmen ihres Kleinteams innehat. Daher sollte sie über Ressourcen und Kompetenzen im Bereich der Mitarbeiterführung und Teamentwicklung verfügen. Die Vermittlung dieser Kompetenzen spielen in der Regel in der Erzieher*innen-Ausbildung keine bzw. eine eher untergeordnete Rolle. Und daraus resultiert eine große Unsicherheit bei den Fachkräften, die sich den An- und Herausforderungen der Position der Gruppenleitung stellen.

2.2 Erwartungen und Anforderungen an die Rolle

Bei näherer Betrachtung liegt also der Fokus auf der selbständigen Verantwortung für das gesamte Geschehen in der Gruppe und besonderen Verantwortlichkeit für das Zusammenspiel und Miteinander im Team. Daraus ergeben sich seitens der Leitung aber auch seitens der Teamkolleg*innen Anforderungen und Erwartungen, die an die Position und der damit verbundenen Rolle geknüpft sind.

Leitung und auch die Teamkolleg*innen setzen in der Regel voraus, dass die Gruppenleitung ein fachliches Fundament mitbringt und deswegen Expert*in für die pädagogische Arbeit mit Kindern und Eltern ist. Demzufolge weiß sie, wie pädagogische Arbeit funktioniert. Darüber hinaus erwartet die Leitung von einer Gruppenleitung, den Überblick über die Gesamtzusammenhänge und Abläufe in der Kindertagesstätte zu haben und die Fähigkeit, die pädagogische Arbeit in Kooperation mit den Teamkolleg*innen zu planen und umzusetzen.

Die Teamkolleg*innen erwarten darüber hinaus ein Miteinander auf Augenhöhe, bei dem sie mit ihren individuellen Stärken und Kompetenzen in den Arbeits- und Gruppenprozess einbezogen werden. Eine Seminarteilnehmerin formulierte dies einmal wie folgt: »Die beste Gruppenleitung war für mich immer die, die man nicht spürte und die einem trotzdem das Gefühl gab, alles im Blick zu haben.«

Im Rahmen dieser kleinen Führungsrolle sollte die Gruppenleitung zunächst einmal die pädagogische Arbeit im Sinne der Gesamtkonzeption gemeinsam mit den anderen Fachkräften planen und durchführen, die Abläufe innerhalb der Gruppe koordinieren und regulieren, das Kleinteam zusammenhalten und eine positive und konstruktive Zusammenarbeit fördern.

Sie vermittelt den Teammitgliedern wesentliche Ziele im Rahmen der Einrichtungskonzeption, übernimmt planerische Aufgaben, ist verantwortlich für Absprachen und Kommunikation, moderiert manchmal bei Konflikten und geht als gutes Beispiel voran. Die Teamleitung zeigt auf, wo es bei der Zusammenarbeit im Team Weiterentwicklungsbedarf gibt und bringt ggf. Lösungsvorschläge ein.

Eine weitere wichtige Aufgabe für die Gruppenleitung sollte sein, gemeinsam mit ihrem Team die pädagogische Arbeit auszugestalten und weiterzuentwickeln. Dazu gehört auch, zu klären, welche Kompetenzen einzelne Teammitglieder haben, welche ggf. fehlen und welche durch Weiterbildungen ergänzt und erweitert werden können.

Darüber hinaus arbeitet sie neue Kolleg*innen ein und übernimmt die Praxisanleitung von Praktikant*innen.

Die Anforderungen an den*die Inhaber*in der Rolle sind daher sehr vielfältig und hoch. Anregungen zur Selbstreflexion und zur fachlichen wie auch persönlichen Weiterentwicklung bietet dieses Buch in Kapitel 3.

2.3 Gruppenleitung als Schnittstelle zwischen Leitung und Kleinteam

Wie in Kapitel 2.2 hat die Leitung verschiedene Erwartungen an die Gruppenleitung. Sie möchte sich daher grundsätzlich darauf verlassen können, dass die Gruppenleitung als verlässliche Schnittstelle zwischen ihr als Leitung und dem Kleinteam bzw. teilweise zwischen dem Kleinteam und anderen Kleinteams oder dem Großteam agiert.

Dies beinhaltet in der Zusammenarbeit mit der Einrichtungsleitung verschiedene wesentliche Aufgaben und Zuständigkeiten. So ist die Gruppenleitung verantwortlich für:

- die **Weitergabe von Informationen**
  Die Gruppenleitung ist wesentliche Ansprechpartnerin für die Einrichtungsleitung. Über sie laufen alle Informationen zusammen und eine wesentliche Aufgabe besteht darin, diese Informationen an ihre Teammitglieder weiterzugeben.
- die **Absprache von Zielen**
  Die Gruppenleitung klärt Ziele und konzeptionelle Vorgaben mit der Einrichtungsleitung ab, die im Rahmen der pädagogischen Arbeit mit Kindern und Eltern umzusetzen sind und gibt diese an das Kleingruppenteam weiter.
- die **Koordination von Aufgaben und Prozessen**
  Um die tägliche pädagogische Arbeit mit Kindern und Eltern zu gewährleisten müssen oftmals Aufgaben oder Prozesse auch ohne Rückkoppelung mit der Leitung mit anderen Kleinteams abgesprochen und koordiniert werden. Die Gruppenleitung übernimmt die Planung und achtet darauf, dass sich die Aufgaben, für die ihr Kleinteam verantwortlich ist, in den übergeordneten Ablauf einfügen.

- die **Abwesenheitsvertretung**
  Im Einzelfall vertritt sie nach Absprache die Einrichtungsleitung oder übernimmt Teilaufgaben in Abwesenheit der Leitung bei Krankheit, Urlaub, Fortbildung etc.

Es muss generell geregelt sein, welche Entscheidungen vom Kleinteam selbst oder der Gruppenleitung getroffen werden können – und welche Entscheidungen der Einrichtungsleitung obliegen. Außerdem ist eine Regelung zu treffen, wann die Leitung informiert bzw. bei Konflikten und Schwierigkeiten mit einbezogen werden muss. Dieser Entscheidungsspielraum sollte klar abgegrenzt und definiert sein. Wo die Grenzen gezogen werden, lässt sich nicht allgemein verbindlich sagen. Wichtig dabei ist: Der Entscheidungsspielraum sollte nicht zu eng sein, denn sonst gehen die Vorteile verloren, die sich gerade daraus ergeben, dass ein Kleinteam eigenverantwortlich und routiniert, auf der Basis der eigenen Kompetenzen agieren kann.

Beteiligungsmodell

Hierfür ist es sinnvoll, ein sogenanntes Beteiligungsmodell miteinander zu erarbeiten. In dem vereinbart wird, was die Gruppenleitung mit ihren Kolleg*innen selbst entscheiden und verantworten darf, wann die Leitung zu informieren ist und in welchen Situationen es in der Verantwortung und Entscheidung der Leitung liegt. Hierzu finden Sie eine Anregung beim digitalen Zusatzmaterial.

2.4 Erforderliche Eigenschaften und Kompetenzen

Um diesen vielfältigen Aufgaben und Erwartungen gerecht werden zu können, bedarf es verschiedenster Eigenschaften und Kompetenzen, die eine Person für die Position und Rolle der Gruppenleitung mitbringen oder entwickeln sollte.

Welche Eigenschaften und Kompetenzen machen nun eine gute Gruppenleitung aus? – Spontan lassen sich grundlegendes Fachwissen, Teamfähigkeit, Organisationsgeschick, Überblick, Empathie, Flexibilität, Konfliktfähigkeit, Reflexionsbereitschaft, Kommunikationsfähigkeit, Ideenreichtum, Verantwortungsbewusstsein als ein paar Beispiele benennen. Diese Liste ließe sich vermutlich beliebig erweitern.

Ich möchte hier jedoch ein paar grundlegende Eigenschaften und Kompetenzen herausstellen, an denen jede Gruppenleitung immer wieder arbeiten sollte, und die es zu entwickeln oder weiterzuentwickeln gilt:

Selbstvertrauen – eine Gruppenleitung sollte sich zunächst einmal selbst zutrauen, dass sie den Aufgaben als Gruppenleitung gewachsen ist. Sie sollte um ihre Stärken wissen und diese bewusst einsetzen. Geht sie mit Selbstvertrauen in ihre Rolle und nimmt sie die An- und Herausforderungen an, hat dies eine positive Auswirkung auf ihre Teamkolleg*innen, denen es so leichter fällt, sie in der Rolle als Gruppenleitung anzuerkennen und zu akzeptieren. Fehlt der Gruppenleitung das Selbstvertrauen, sinkt auch das Vertrauen der Teammitglieder in die Kompetenz der Gruppenleitung.

Wissen und Erfahrung – zwei Kompetenzen, die nicht zwangsläufig altersabhängig sind und auch nicht immer linear zueinander entwickelt werden. Vieles ergibt sich aus der eigenen Bildungs- und Lernbiografie heraus, anderes wird im Laufe der eigenen Lebensgeschichte erworben. In der Praxis kann es manchmal zu Schwierigkeiten kommen, wenn die vermeintlich jüngere (nicht grundsätzlich unwissendere) die Gruppenleitung übernimmt und die langjährige ältere Kolleg*in die Position der zweiten Fachkraft bekleidet. Und schließlich braucht jede*r zunächst einmal die Chance, um Erfahrung sammeln und das notwendige Wissen erweitern zu können.

Vorleben persönlicher Werte – Werte entwickeln sich im Laufe eines Lebens. Sie sind geprägt durch die Begegnung mit den für diese Person wichtigen Menschen und durch die Gesellschaft. Zur Orientierung in der Zusammenarbeit ist es für die Teamkolleg*innen wichtig und hilfreich, wenn eine Gruppenleitung, sich ihrer persönlichen Werte bewusst ist und diese transparent kommuniziert und authentisch in der Praxis vorlebt.

Fähigkeit zum Beziehungsaufbau – jede Gruppenleitung bedarf schon aufgrund ihres Berufsbildes einer Beziehungsfähigkeit, die ihr ermöglicht, eine Beziehung zu Kindern und Eltern aber auch Teamkolleg*innen aufbauen, intensivieren und pflegen zu können. Hierbei gilt es, immer den Grundsatz der Professionalität zu beachten, d. h. eine professionelle Nähe zu pflegen, die sich gleichzeitig der professionellen Rolle und des professionellen Kontextes, in dem die Begegnungen stattfinden, jederzeit bewusst ist.

Ambiguitätstoleranz – ein sperriger Begriff, der jedoch etwas ganz Wesentliches zum Ausdruck bringt. Jeder Mensch ist anders. Jede*r bringt seine eigenen Stärken und Fähigkeiten mit. Jede*r hat eine andere Wahrnehmung und somit eine andere Sicht auf die Dinge. Eine Gruppenleitung sollte in der Lage sein, diese Unterschiedlichkeit und Andersartigkeit als Chance zu begreifen. Je nachdem ergänzt der*die Teamkolleg*in die

Kompetenzen und Ressourcen der Gruppenleitung oder gleicht vermeintliche Schwächen sogar aus. Auf diese Weise wird der*die oder das andere zur Bereicherung.

Arbeitsorganisation – eine Gruppenleitung bedarf einer strukturierten Arbeitsorganisation, nachvollziehbarer Kommunikationswege, koordinierter Zuständigkeiten und einem guten Überblick über die zu erledigenden Aufgaben. Auch ein gutes Zeitmanagement erleichtert die Zusammenarbeit im Kleinteam.

Förderung der Teamentwicklung – hierzu zählt zum einen das Wissen um Teamprozesse und Teamdynamiken, das eine Gruppenleitung braucht, um die gemeinsame pädagogische Arbeit zu gestalten und weiterzuentwickeln. Dazu gehört zum anderen auch die Fähigkeit, positiv auf das Teamklima einzuwirken, das Wir-Gefühl zu stärken und durch einen geeigneten Führungsstil eine gute Zusammenarbeit zu initiieren und zu ermöglichen.

Information und Kommunikation – eine Gruppenleitung muss ständig im Dialog mit den Teamkolleg*innen stehen und im kommunikativen Austausch Informationen weitergeben, Absprachen treffen und die pädagogische Arbeit weiterentwickeln.

Motivationsfähigkeit – eine Gruppenleitung braucht die Gabe, ihre Teamkolleg*innen immer wieder zu motivieren. Sei es für die Bewältigung der Tücken des Gruppenalltags oder für immer wieder neue Veränderungen und Herausforderungen. Die Motivationsfähigkeit eines Menschen wird stark von dem bei ihm*ihr vorherrschenden Menschenbild beeinflusst. Je nach seinen*ihren jeweiligen Erlebnissen und Erfahrungen und der daraus entstandenen eigenen Entwicklung schätzt er*sie sein*ihr Gegenüber als motivierbar oder nicht motivierbar ein. Davon ist dann oftmals wiederrum die gute erfolgreiche Zusammenarbeit im Kleinteam abhängig.

Konfliktfähigkeit – Konflikte gehören im Arbeitsleben grundlegend dazu und brauchen Raum, um angegangen und bearbeitet zu werden. Eine Gruppenleitung sollte daher die Fähigkeit besitzen, Konflikte eher als Chance anstatt als Krise zu sehen und Probleme anzusprechen und so – im respektvollen Miteinander – gemeinsame Lösungswege und -strategien zu entwickeln.

Alles in allem finden sich diese Eigenschaften in einem partnerschaftlichen Führungsstil im Umgang mit den Teamkolleg*innen wieder. Eine partnerschaftlich orientierte Gruppenleitung bewahrt eine gute Balance zwischen eigener Klarheit und dem möglichen Spielraum für Eigeninitiative, Selbstständigkeit und konstruktive Zusammenarbeit seitens der Teamkolleg*innen. Die Gruppenleitung pflegt Kontakte auf einer persönlichen Ebene. Bei vielen Entscheidungsprozessen wird das gesamte Kleinteam mit einbezogen. Kritik und Anerkennung werden möglichst sachlich kommuniziert. Konflikte bekommen Raum, um bearbeitet zu werden.

2.5 Ausblick und Chance – Vorbereitung auf die Leitungsrolle

Versteht man die Position der Gruppenleitung als kleine Führungsrolle und betrachtet man die einzelnen rollengebundenen Aufgaben vor allem in den Handlungsfeldern Kleinteam, Großteam und Leitung, ist es durchaus naheliegend, dass die Position der Gruppenleitung zur Vorbereitung auf die Position und Rolle einer Gesamtleitung einer Kindertagesstätte geeignet ist.

Zum großen Aufgabenfeld einer Einrichtungsleitung, das in vielen Bereichen eine gewisse Schnittmenge mit dem einer Gruppenleitung hat, gehören beispielsweise:

Konzeptentwicklung – hier werden pädagogische Grundsätze mit dem Team bzw. Kleinteam entwickelt. Und auf dieser Grundlage plant die Einrichtungsleitung und auch die Gruppenleitung mit ihrem Team bzw. Kleinteam die pädagogische Arbeit mit den Kindern und sorgt für die Umsetzung dieser Grundsätze.

Personalführung – Einrichtungsleitung und auch Gruppenleitung stoßen hier einen Konsensbildungsprozess hinsichtlich zentraler pädagogischer Prinzipien an und achten auf deren Umsetzung.

Personalentwicklung – wozu u. a. der Austausch über Potenziale und Ressourcen der einzelnen Mitarbeiter*innen, die Sicherstellung einer systematischen Einarbeitung neuer Mitarbeiter*innen, das Erkennen von Fortbildungsbedarfen sowie generell die Weiterentwicklung von Kooperation, Zusammenhalt und einer positiven Arbeitsatmosphäre innerhalb des Teams bzw. des Kleinteams gehören.

Arbeitsorganisation – hier geht es um eine geeignete Arbeitsstruktur, differenzierte Dienstplanung, regelmäßige Teambesprechungen, klare Zuständigkeitsbereiche und Verantwortlichkeiten und transparente Informationswege auch je nach Position entweder auf die Gesamteinrichtung oder das Kleinteam bezogen.

Zusammenarbeit mit Familien – beide sind oftmals die zentralen Kontaktpersonen und Ansprechpartner*innen für die Familien und verantworten die Grundsätze einer partnerschaftlichen Zusammenarbeit, indem sie die Information, Beratung und Beteiligung der Eltern gewährleisten.
Öffentlichkeitsarbeit und Kooperation – umfasst die Vertretung des Einrichtungsprofils und der pädagogischen Arbeit nach außen, beide werden je nach Absprache und Zuständigkeit zur Schnittstelle für einrichtungsinterne und -externe Belange.

Die für eine Leitungsposition erforderlichen Fähigkeiten und Kompetenzen sind also teilweise auch in der Rolle einer Gruppenleitung zu entdecken. Das, was die Leitung im Großen für die Gesamteinrichtung nutzt, wendet die Gruppenleitung ähnlich in Bezug auf ihre eigene Gruppe und ihr Kleinteam an.

Die im Kapitel 2.3 für die Position und Rolle der Gruppenleitung benannten erforderlichen Fähigkeiten und Kompetenzen könnten genauso bzw. so ähnlich für die Leitungsposition benannt werden. Daher sind sie auch für eine spätere Leitungsposition hilfreich.

In ihrer Tätigkeit als Gruppenleitung hat der*die Stelleninhaber*in so die Möglichkeit, im überschaubaren Rahmen erste Fähigkeiten und Kompetenzen für eine spätere Leitungstätigkeit zu testen, zu üben und weiterzuentwickeln.

Wenn die Einrichtungsleitung dieses Potenzial entsprechend erkennt und nutzt, gibt sie einer geeigneten Gruppenleitung die Möglichkeit, im Rahmen der Abwesenheitsvertretung oder einer stellvertretenden Leitung die ersten Erfahrungen zu intensivieren und auszubauen, bevor diese sich dann der selbständigen Verantwortung einer Leitungstätigkeit stellt.

3 Praktische Entwicklung einer Rolle – Hintergrundwissen und Methoden

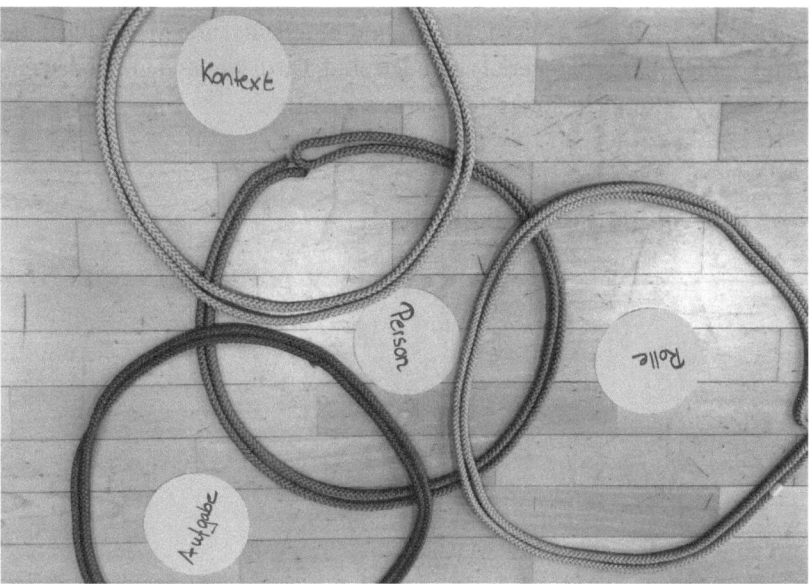

Abb. 3: Aufgabe – Rolle – Kontext

Wie bereits in Kapitel 2 näher erläutert, sind mit der Übernahme der beruflichen Position als Gruppenleitung zum einen bestimmte Aufgaben verbunden und zum anderen ergeben sich die unterschiedlichsten Erwartungen von pädagogischen Fachkräften aus dem Kleinteam, dem Großteam und der Leitung.

Um dies praktisch ausfüllen und umsetzen zu können, bedarf es zum einen der Kenntnis wichtigen Hintergrundwissens rund um grundlegende Teamprozesse und Mitarbeiterführung, aber auch im Speziellen um eine gute Selbstkenntnis.

In vielen Stellenbeschreibungen wird dazu ergänzend formuliert, dass bei einer Gruppenleitung die Bereitschaft vorausgesetzt wird, das eigene

Verhalten und die Wirkung auf das Kleinteam und andere Kolleg*innen zu reflektieren.

Nachdem im vorausgegangenen Kapitel die Inhalte eher allgemein formuliert waren, bieten die folgenden Kapiteln neben wichtiger Fachinformationen viele ergänzende Anregungen zur beruflichen Selbstreflexion.

In den Anregungen und Impulsen zur Selbstreflexion spreche ich Sie oftmals direkt an, um Ihnen dadurch die persönliche Auseinandersetzung mit den verschiedenen Inhalten zu erleichtern.

Die Methoden und Impulse sind so gewählt und beschrieben, dass sie autodidaktisch und mit möglichst wenig Aufwand anwendbar sind. An manchen Stellen gibt es Vertiefungen und unterstützende Materialien, die beim digitalen Zusatzmaterial zu finden sind. Dazu gibt es dann in den entsprechenden Kapiteln konkrete Querverweise ().

3.1 Die eigene Persönlichkeit

Abb. 4: Spiegel

Nun bringt jede*r, die*der als Gruppenleitung arbeitet etwas sehr Grundlegendes in die Ausgestaltung der Position mit. Jede*r bringt sich grundsätzlich auch als individuelle Person mit in diese Rolle ein – ganz spezifisch und einzigartig mit seinem*ihrem ganz persönlichen Wissen, Werdegang und seinen*ihren Erfahrungen. Daraus ergeben sich sehr individuelle Handlungs- und Verhaltensweisen im Umgang mit anderen Menschen und in der Herangehensweise an die Aufgabenbewältigung.

Zum Berufsbild der pädagogischen Fachkraft gehört die fortwährende berufliche Selbstreflexion und der übertragene Blick in den Spiegel (s. Abb. 4), um sich selbst besser kennenzulernen, zu verstehen, warum man wie handelt und sich somit beruflich und persönlich weiterentwickeln zu können.

Eine in ihrem Kleinteam anerkannte und in der Regel von der Leitung geschätzte Gruppenleitung zeichnet sich entsprechend dadurch aus, dass sie sich selbst, d. h. ihre Stärken gut kennt und diese nutzbringend in die pädagogische Arbeit mit den Kindern und Eltern und in die Zusammenarbeit mit ihren Kolleg*innen einbringt. Gleichzeitig auch um ihre Schwächen weiß und im besten Fall versucht, diese bewusst durch Nutzung der Kompetenzen der Teamkolleg*innen auszugleichen.

Daher ist es für jede Gruppenleitung wichtig und wertvoll, sich zunächst einmal auf die Spur zu begeben und viele Fragen zu sich selbst zu beantworten: Wer bin ich? Welche Erfahrungen bringe ich mit? Wo liegen meine Stärken? Übernehme ich gerne Verantwortung? Worin möchte ich mich weiterentwickeln? Welche Werte sind mir wichtig? Welche Haltung prägt meinen Umgang mit den Gruppenkolleg*innen? Wann komme ich an meine persönlichen Grenzen?

Als Gruppenleitung sollten Sie sich mit diesen Ausgangsfragen möglichst von Anfang an befassen – im Idealfall noch bevor Sie sich dazu entschließen, Gruppenleitung zu werden. Sollten Sie schon länger in der Position als Gruppenleitung arbeiten, kann es sehr hilfreich sein, von Zeit zu Zeit das eigene Selbstbild zu überprüfen, kritisch zu hinterfragen und zu vervollständigen.

Die Beantwortung all dieser Fragen trägt auch zu Ihrer Authentizität bei. Es ist wertvoll, zu wissen, wer man ist und warum man wie handelt. In diesem Bewusstsein ist es Ihnen möglich, Ihre Stärken angemessen einzubringen und auch zu Ihren Schwächen zu stehen. Dies trägt auch für Ihre Teamkolleg*innen dazu bei, dass Sie für diese transparent und glaubwürdig in Ihrem Denken, Tun und Handeln sind. Darüber hinaus unterstützt die fortwährende Selbstreflexion, Erkenntnisse aus diesen Ergebnissen zu gewinnen und eigene Veränderungen anzugehen. Damit dies funktioniert, bedarf es einer Meta-Ebene, die es Ihnen ermöglicht, aus einer gewissen Distanz und aus verschiedenen Blickwinkeln heraus auf sich selbst zu schauen und das eigene Denken, Tun und Handeln möglichst objektiv bzw. multiperspektivisch zu beurteilen.

Bewährte Methoden für diese Reflexion im Allgemeinen sind beispielsweise:

- Selbstreflexion: Ich-Tagebuch (s. u.), Selbstcoaching, Feedback einholen
- Einbeziehung Dritter: Feedbacks und Beurteilungen durch Dritte, Kollegiale Beratung, Coaching, Supervision, Fortbildungen

Vielleicht haben Sie ja auch Lust, sich ein sogenanntes Ich-Buch für Ihre Position als Gruppenleitung anzulegen, um Ihre berufliche und persönliche Weiterentwicklung zu dokumentieren und jederzeit nachvollziehbar zu machen. Den meisten ist dieses Ich-Buch aus der pädagogischen Arbeit mit den Kindern bekannt. Hier geht es darum, den Kindern zu verdeutlichen, was sie als Individuum so besonders macht. Es geht um Bedürfnisse, Vorlieben und Stärken. Ziel ist es, sich selbst besser verstehen- und kennenzulernen. Und genau das soll dieses Buch auch für Sie sein. Ein wertvoller Begleiter, der Ihre Besonderheiten dokumentiert und verdeutlicht.

Das Ich-Buch zur Selbstreflexion

Besorgen Sie sich ein schönes Heft oder eine kleine Kladde, die Ihnen gut gefällt und die Sie gerne zur Hand nehmen mögen.
Schreiben Sie vorne darauf: ICH ALS GRUPPENLEITUNG – Mein Ich-Buch zu Haltung, Rolle, Aufgaben. Vielleicht mögen Sie innen noch von Ihnen ein Bild aus der Arbeit einkleben. Schreiben Sie daneben Ihren Namen vertikal untereinander, und finden Sie zu jedem Buchstaben ein Adjektiv.
Bsp.: A nregend
N atürlich
J ubelnd
A ufmerksam

Ich-Buch

Beim digitalen Zusatzmaterial finden Sie ergänzend Vorlagen für die Gestaltung eines Ich-Buches angelehnt an die Anregungen der verschiedenen Übungen und Impulse.

Im Buchhandel lassen sich ergänzend hierzu verschiedenste Bücher und Selbsttests finden, die zum Teil auf sehr amüsante Weise und mit Hilfe verschiedenster Fragen rund um die eigene Person ermöglichen, Einstellungen und Haltungen herauszufinden. Hier sind zwei Bücher stellvertretend zu benennen: das eine von Max Frisch »Fragebogen« (1992), das elf Fragebögen zu verschiedenen Oberthemen beinhaltet, die zum Nachdenken über sich anregen, ohne Antworten vorzugeben. Das andere von Rolf Dobelli, der sein Buch »Wer bin ich?« (2009) als Weiterführung und Vertiefung von Max Frischs Buch »Fragebogen« versteht. Der Untertitel »Indiskrete Fragen« hält, was er verspricht.

3.1.1 Motivation benennen

Beginnen wir mit Ihrer Motivation. Unter Motivation verstehen wir in der Regel die Gesamtheit der Beweggründe und Einflüsse, die zu einem Handeln oder einer Entscheidung führen.

Eine Seminarteilnehmerin erzählte mir, dass sie sich erst mit 37 Jahren überhaupt entschlossen hat, Erzieherin zu werden. Über den Kindergarten ihrer Kinder entdeckte sie das Interesse an der Arbeit mit Kindern. Nach der Ausbildung übernahm sie aufgrund ihrer vorausgegangenen Berufs- und Lebenserfahrung sehr zeitnah die Position der Gruppenleitung. Sie konnte berichten, dass die Aufgabe in ihrer Vielfältigkeit ihr immer sehr viel Freude bereitet hat. Und dies ist nur ein Beispiel von vielen.

In der Praxis begegnen mir hierzu die unterschiedlichsten Ausgangs- und Beweggründe:
- Die junge Kollegin, deren bisherige Gruppenleitung in Rente geht und von der Leitung die Position angeboten bekommt
- Die pädagogische Fachkraft, die nach dem Studium die Gruppenleitung als Zwischenstation in die Leitungstätigkeit versteht, um erst einmal Erfahrung zu sammeln
- Der junge Mann, der die Schwangerschaftsvertretung der Gruppenleitung übernimmt
- Der Erzieher, der gezielt aus einer anderen Einrichtung kommt, um nun die Position der Gruppenleitung zu bekleiden
- Die erfahrene Kollegin, der die Aufgabe aufgebürdet wird, da aktuell keine Alternative sichtbar ist
- Die Kollegin, die von außen neu und motiviert ins Team kommt und dann erfährt, dass sich die Gruppenkollegin ursprünglich auch auf diese Position beworben hat
- …

Was hat Sie also dazu geführt, Gruppenleitung zu werden bzw. werden zu wollen? – Gab es einen inneren Antrieb oder wurde die Entscheidung von außen an Sie herangetragen? War die Entscheidung dazu spontan und kurzfristig oder eher das Ergebnis eines längeren Prozesses?

Und wie kam es bei Ihnen dazu? Was ist Ihre Geschichte? Und inwieweit beeinflusst dieser Einstieg Ihre Haltung und Rollenfindung?

> **Schreibimpuls zur Selbstreflexion: Wie ich Gruppenleitung wurde …**
>
> Nehmen Sie sich ca. 30 Minuten Zeit und suchen Sie sich einen Ort, an dem Sie sich ungestört zurückziehen können. Ein Ort, an dem Sie sich wohlfühlen, gerne nachdenken und ggf. ein paar Notizen machen können.
> Vielleicht haben Sie sich ja - wie zuvor empfohlen - ein kleines Ich-Buch zugelegt, in dem Sie nun Ihre Geschichten und Eindrücke festhalten können.
> Vielleicht kochen Sie sich vorher noch eine gute Tasse Kaffee oder Tee, und ein kleines Stück Schokolade regt die Gehirntätigkeit an.
> Dann kann es losgehen. Schreiben Sie Ihre Geschichte, wie Sie in die Position als Gruppenleitung gekommen sind, einfach auf.
> Wenn Sie fertig sind, spüren Sie Ihrer inneren Resonanz nach. Wie geht es Ihnen jetzt in diesem Augenblick mit dieser Geschichte, Ihrer Geschichte? Wieviel von dieser Anfangsgeschichte hat bis zum jetzigen Zeitpunkt noch Wirksamkeit mit Blick auf Ihre Haltung, Motivation und Ihrem täglichen Handeln? Was, mit welcher Wirkung und warum? Ist das eher positiv oder negativ? Welchen Hintergrund und welche Bedeutung hat das? Gibt es einen Bedarf, etwas zu verändern? Wenn ja - wie sollte diese Veränderung aussehen und wer kann Sie ggf. dabei unterstützen?

Genauso können Sie diesen Schreibimpuls in veränderter Form nutzen, um sich damit auseinanderzusetzen, was Sie dazu bewegt, die Position und Rolle als Gruppenleitung anzustreben.

> **Alternativer Schreibimpuls zur Vorbereitung und Entscheidungsfindung: Ich möchte Gruppenleitung werden, weil …**
>
> Suchen Sie sich einen ruhigen Ort, an dem Sie ungestört nachdenken und schreiben können. Dann nehmen Sie sich ca. 15 Minuten Zeit und vervollständigen Sie den Satz: Ich möchte Gruppenleitung werden, weil …

Finden Sie so viele Ergänzungen wie möglich.
Anschließend lesen Sie sich Ihre Antworten noch einmal in Ruhe durch und schauen, ob Sie in Ihren Antworten einen zentralen Punkt oder einen roten Faden erkennen.
Geht der Impuls hin zur Gruppenleitung von Ihnen selbst aus oder eher von Ihrer Umwelt? Wenn ja, von wem? Welche Bedeutung hat das ggf. für Ihren Entscheidungsprozess? Sind Sie schon sehr entschlossen und klar in Ihrem Entscheidungsprozess? Oder haben Sie noch viele Fragen und Unsicherheiten? Gibt es eine deutlich herauslesbare Motivation dafür, Gruppenleitung werden zu wollen? Wie ist Ihr Gefühl und Ihre Resonanz, wenn Sie daran denken, zukünftig Gruppenleitung zu sein? Ist es Lust, Freude und/oder Neugier? Oder verspüren Sie Zurückhaltung, Verunsicherung und/oder Ablehnung? Was brauchen Sie, um sich für eine Gruppenleitung zu entscheiden? Was oder wer würde Ihnen hierbei weiterhelfen?

Unabhängig davon, ob Sie bereits Gruppenleitung sind oder sich im Entscheidungsprozess befinden, Gruppenleitung zu werden, können Sie auch die Bedürfnispyramide nach A. H. Maslow (vgl. Menzi u. a. 2007, S. 21 ff.) mit hinzuziehen. Diese Übersicht über verschiedene Bedürfniskategorien kann Ihnen Aufschluss darüber geben, was für Sie besonders wichtig war oder ist, warum Sie schließlich Gruppenleitung geworden sind bzw. werden wollen.

Abb. 5: Bedürfnispyramide nach Maslow (vgl. Menzi u. a. 2007, S. 21)

Was steht für Sie im Vordergrund? Geht es Ihnen vor allem um die Existenzsicherung – sich Nahrung, Kleidung und Unterkunft leisten zu können? Oder Streben Sie nach einer Arbeitsplatzsicherheit und dem damit verbundenen stabilen Einkommen? Oder hoffen Sie im Umgang mit Ihren Kolleg*innen, aus der Rolle der Gruppenleitung, soziale Nähe, Zugehörigkeit und Akzeptanz zu erfahren? Geht es Ihnen um Achtung und Anerkennung – durch sich selbst (Selbstachtung) bzw. durch die anderen? Und was ist mit Ihrem Bedürfnis zur persönlichen Weiterentwicklung, zur Erweiterung des eigenen Wissens, zur Entfaltung der eigenen Ressourcen und Potenziale, um neue Herausforderungen anzunehmen?

Die anfängliche Motivation kann sich sehr darauf auswirken, inwieweit jemand aufgeschlossen ist und sich mit Freude und Elan den Anforderungen und Herausforderungen in dieser Position stellt, oder ob er*sie eher mit eigenen inneren Widerständen zu kämpfen hat.

Sollten sich, aus den verschiedensten Gründen heraus, diese inneren Widerstände nicht verflüchtigen, kann es sehr hilfreich sein, sich zunächst Rat und Unterstützung bei der Leitung zu holen. Oder mit Hilfe von Coaching und Supervision zu ergründen, wo diese Widerstände ihren Ursprung haben und was dazu beitragen kann, diese Widerstände zu verringern.

3.1.2 Ressourcen und Kompetenzen erkennen

Was versteht man im Allgemeinen eigentlich unter Ressourcen und Kompetenzen? Im Kontext von Psychologie handelt es sich bei Ressourcen um die inneren Potenziale eines Menschen. Sie umfassen beispielsweise Fähigkeiten, Kenntnisse, Geschicke, Erfahrungen, Talente, Neigungen und Stärken. Unter Kompetenz versteht man hingegen die Fähigkeit einer Person, in einer bestimmten Situation die Ressourcen zu mobilisieren, die sie für die Bewältigung der Situation in diesem Moment braucht.

In Kapitel 2.4 wurden bereits einige Fähigkeiten und Kompetenzen herausgestellt und beschrieben, die Ihnen hilfreich bei der Übernahme der Position und Rolle einer Gruppenleitung sind. Fertigen Sie sich mit Hilfe diese Kompetenzen eine persönliche Stärken- und Schwächeanalyse an, um herauszufinden, was Sie schon recht gut können und was noch ausbaufähig ist, bzw. wo Sie entsprechend Unterstützung brauchen. Überlegen Sie auch, wie diese Unterstützung aussehen könnte.

Stärken- und Schwächen- analyse

Beim digitalen Zusatzmaterial finden Sie ein entsprechendes Musterformular, dass Sie bei dieser Analyse unterstützen kann.

Wenden wir uns weiter den individuellen Ressourcen und Kompetenzen zu, die Sie als Person mitbringen und die für das Tun und Handeln in der Position als Gruppenleitung wertvoll und hilfreich sein können. Es folgen nun ein paar Anregungen, wie Sie Ihren eigenen Ressourcen und Kompetenzen auf die Spur kommen und sich selbst besser kennenlernen können.

Im digitalen Zusatzmaterial gibt es erste vorbereitete Seiten für Ihr persönliches Ich-Buch, die Sie direkt befüllen oder ausdrucken und anhand der folgenden Anregungen und Impulse bearbeiten können. Ich-Buch

Suchen Sie sich aus den folgenden Anregungen die heraus, die Sie am meisten ansprechen.

Ich in drei Worten
Schauen Sie in einen Spiegel, und benennen Sie spontan drei Eigenschaften, die Sie besonders kennzeichnen. Schreiben Sie diese ggf. in Ihr Ich-Buch. Dann legen Sie eine Mindmap an, wo Sie sammeln, inwiefern und in welchen Situationen diese Eigenschaft für Sie als Gruppenleitung hilfreich und wertvoll ist.

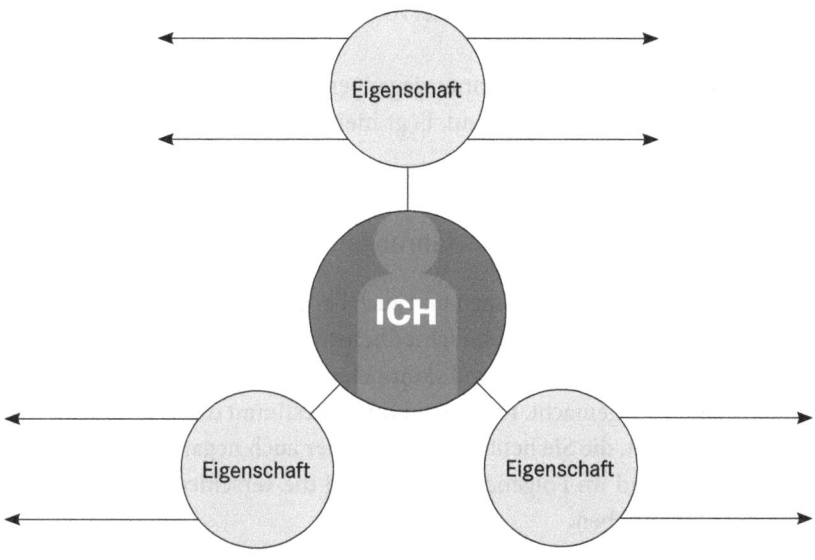

Abb. 6: Ressourcen-Mindmap

Wiederholen Sie dies in unregelmäßigen Abständen. Nach und nach entsteht dann ihre persönliche Ressourcen-Mindmap.

Meine Kompetenzliste
Schreiben Sie 5 Minuten lang alles auf, was Sie gut können. Dann markieren Sie die Kompetenzen, die Ihnen besonders wertvoll und hilfreich als Gruppenleitung sind, mit einem farbigen Marker und schreiben daneben, bei welchen Aufgaben und Gelegenheiten diese Kompetenzen wichtig sind. Dies trägt zur Verdeutlichung der eigenen Stärken bei.

Mein Stärken-Feedback
Für diese kleine Übung brauchen Sie eine*n Partner*in. Wählen Sie eine Person Ihres Vertrauens – beruflich oder privat. Dann erzählen Sie Ihrem Gegenüber von einer Situation aus dem Berufs- oder Privatleben, in der Ihnen etwas besonders gut gelungen ist, das kann die Organisation einer Feier, das Erlernen eines Instrumentes, das Führen eines schwierigen Gesprächs o. ä. sein. Sie erzählen einfach alles, was Ihnen dazu wichtig erscheint. Ihr Gegenüber hört, ohne nachzufragen, zu. Anschließend notiert Ihr Gegenüber Ihre Eigenschaften und Stärken, die aus seiner Sicht zum Gelingen der jeweiligen Situation beigetragen haben. Dann gibt er*sie Ihnen ein mündliches Feedback mit den entsprechenden Erklärungen und seiner*ihrer Einschätzung, welche Eigenschaften hiervon wieder zuträglich für die Rolle als Gruppenleitung sein können.

Ergänzend zu den beiden vorausgegangenen Anregungen, die durch die Selbstwahrnehmung geprägt sind, liegt hier nun der Fokus auf der Fremdwahrnehmung.

3.1.3 Persönliche Führungserfahrungen

In Ihrer persönlichen, schulischen und auch beruflichen Sozialisierung haben Sie vermutlich schon die unterschiedlichsten Erfahrungen mit den verschiedensten Führungsstilen und -kompetenzen von Gruppenleiter*innen und Vorgesetzten gemacht. Dabei sind Ihnen bestimmt diverse Modelle und Ansätze begegnet, die Sie heute als positiv oder auch negativ bewerten. Zur Orientierung sind im Folgenden erst einmal die verschiedenen Führungsstile kurz beschrieben.

Die vier Leitungsstile im Kurzüberblick

Die **patriarchalische Leitung** ist sehr aktiv. Sie definiert sich als »gute Mutter/guter Vater«, die*der sich um das Team kümmert, viel restriktiv vorgibt und selbst Entscheidungen trifft. Dabei haben die Teammitglieder wenig Entscheidungs- und Handlungsspielräume.
Die **Laissez-faire-Leitung** verhält sich eher passiv. Sie lässt machen und äußert dabei weder Kritik noch Anerkennung. Sie wirkt eher unbeteiligt und scheut Entscheidungen. Die einzelnen Teammitglieder agieren in der Regel so, wie sie es für richtig befinden. Es gibt wenig Zusammenspiel und jede*r arbeitet nach bestem Wissen und Gewissen. Die Arbeit wirkt eher willkürlich und strukturlos.
Die **autoritäre Leitung** befiehlt und kommandiert und lässt den Mitarbeiter*innen kaum Entscheidungsspielräume. Die Arbeitsaufträge sind oftmals nicht nachvollziehbar. Kritik und Anerkennung werden auf der Beziehungsebene ausgesprochen und können sehr verletzend wirken.
Die **partnerschaftlich-demokratische Leitung** bewahrt eine gute Balance zwischen eigener Klarheit und dem möglichen Spielraum für Eigeninitiative, Selbstständigkeit und konstruktiver Zusammenarbeit seitens der Mitarbeiter*innen. Bei vielen Entscheidungsprozessen wird das gesamte Team einbezogen. Kritik und Anerkennung werden sachlich kommuniziert. Konflikte bekommen Raum, um bearbeitet zu werden. Die Leitungskraft pflegt Kontakte zu den Mitarbeiter*innen auf einer persönlichen Ebene.

Aber unabhängig davon, was Ihre eigene berufliche Sozialisierung konkret bestimmt hat, können Sie vielleicht heute konkret benennen, was Sie in Ihrem eigenen Denken und Handeln aus den früheren Erfahrungen übernommen haben oder wo Sie bewusst ganz anders agieren. Wer sind Ihre Vorbilder – positiv wie auch negativ?

Legen Sie sich hierzu eine Tabelle an, in der Sie Ihre positiven und negativen Vorbilder mit deren besonderen Eigenschaften und Fähigkeiten notieren. Überlegen Sie, warum Sie das eine als hilfreich betrachten und was Sie an dem anderen als hemmend oder störend empfunden haben. Ziehen Sie ein Fazit, welchen Einfluss diese Erfahrungen auf Ihr persönliches Denken und Handeln in Ihrer Position und Rolle als Gruppenleitung haben. Beim digitalen Zusatzmaterial finden Sie hierzu eine Arbeitshilfe.

Positive und negative Führungsvorbilder

3.1.4 Persönliche Werte und Ziele benennen

Werte sind zunächst einmal etwas Abstraktes. Sie definieren globale Standards, absolute Ideale und Leitbilder für die Auswahl und Bewertung von Zielen. Sie drücken das aus, was »sein soll«, sind ein Maßstab für wünschenswertes Handeln und dienen somit als Orientierungshilfe. Sie stellen so ein Grundelement menschlicher Einstellungen und Haltungen dar.

Viele Werte haben wir im Laufe unseres Lebens in den verschiedensten Lebensabschnitten entwickelt und von den unterschiedlichsten Personen aus Familie, Kindergarten, Schule, Ausbildung etc. übernommen. Jede*r trägt einen eigenen und spezifischen Wertekanon in sich. Werte sind generell in unterschiedlicher Weise interpretierbar und sagen noch nichts darüber aus, wie sie zu erfüllen und zu befolgen sind.

Dieser spezifische Wertekanon ist unbewusst Teil unserer Persönlichkeit und steht in enger Verbindung mit eigenen Überzeugungen und Einstellungen. Er dient oftmals als Orientierungshilfe in den verschiedensten Zusammenhängen.

Die Vermittlung von Werten ist gleichzeitig ein täglicher Bestandteil der pädagogischen Arbeit mit Kindern und Eltern einer Gruppenleitung (und der anderen Fachkräfte) in einer Kindertageseinrichtung. Durch die Formulierung von Erziehungszielen und den damit verbundenen Erziehungsmaßnahmen und -methoden werden Wert- und Normvorstellungen an das Kind weitergegeben und verwirklicht. Je nach Kontext können die verschiedenen Werte in Konflikt geraten.

Um als Gruppenleitung auch hier transparent mit Kindern, Eltern und vor allem auch mit den Teamkolleg*innen agieren zu können, bedarf es zunächst einmal des Bewusstwerdens über die eigenen Werte und Normen und den sich daraus ergebenden Erziehungszielen einerseits und dem Umgang miteinander im Kleinteam andererseits.

Dies bildet dann die Grundlage – als Gruppenleitung gemeinsam mit den Kolleg*innen des Kleinteams – im regelmäßigen Austausch möglichst gemeinsame Werte formulieren, verfolgen und vermitteln zu können.

Meine Wertesammlung
Welche Werte fallen Ihnen spontan ein, die Ihnen in Ihrer Arbeit mit Kindern, Eltern und Kolleg*innen wichtig sind? Fertigen Sie eine eigene Liste an. Machen Sie sich anschließend Gedanken darüber, was Ihnen an dem jeweiligen Wert wichtig ist und woran dies in Ihrem Umgang mit Kindern, Eltern und Kolleg*innen spürbar wird. Ist der jeweilige Wert eher hilfreich

in Ihrer Zusammenarbeit mit den Teamkolleg*innen? Inwieweit teilen Sie diese Werte mit den Teamkolleg*innen? Wo und wann stellt der ein oder andere Wert auch ein Hindernis in der Zusammenarbeit dar?

Anmerkung: Im Kapitel 3.6.2 finden Sie eine Anregung, wie Sie mit Hilfe des Wertequadrats von Schulz von Thun (2010) Wertepolaritäten im Umgang mit Ihren Teamkolleg*innen bearbeiten können.

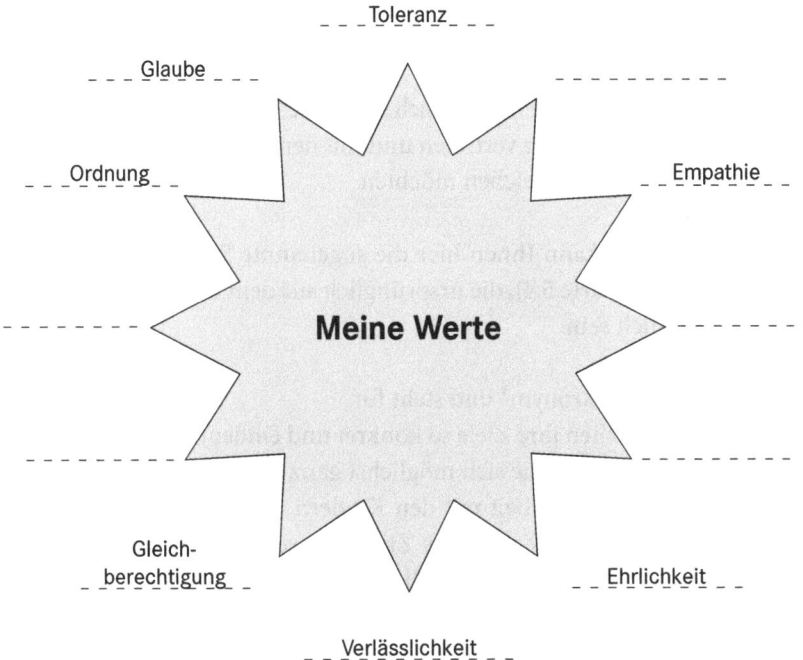

Abb. 7: Wertestern

Alternativ zu einer Liste können Sie auch einen **Wertestern** anfertigen. Hierzu finden Sie eine Anleitung bei den digitalen Zusatzmaterialien

Wertestern

Meine Werteskala

Nehmen Sie eine Skala von 0–10 und versuchen Sie, die verschiedenen Werte aus der untenstehenden Aufzählung nach ihrer für Sie subjektiven Wichtigkeit zuzuordnen.

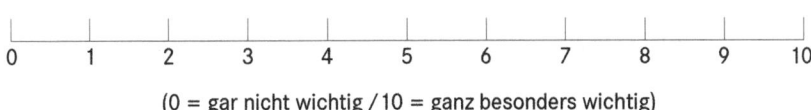

(0 = gar nicht wichtig / 10 = ganz besonders wichtig)

Werte:
Verantwortung für sich selbst und andere, Toleranz, Akzeptanz, Respekt, Gerechtigkeit, Gleichberechtigung, Solidarität, Menschenwürde/Achtung, Ordnung, Fleiß, Gehorsam, Natürlichkeit, Harmonie, Tradition,Treue, Loyalität, Pflichtbewusstsein, Zivilcourage, Mut, Vertrauen, Glaube, Liebe, Nächstenliebe, Empathie, Gemeinschaft, Freundschaft, Ehrlichkeit, Aufrichtigkeit, Offenheit, Rücksichtnahme, Verlässlichkeit, Höflichkeit, Anstand, Ausdauer, Beständigkeit, Demut, Bescheidenheit

Aus den spezifischen Werten lassen sich schließlich die eigenen Ziele ableiten, die Sie als Gruppenleitung vertreten und mit den Teamkolleg*innen in der pädagogischen Arbeit erreichen möchten.

Zur Formulierung kann Ihnen hier die sogenannte **S.M.A.R.T**-Methode (vgl. Haller 2005, Karte 5.4), die ursprünglich aus dem Projektmanagement kommt, behilflich sein.

S.M.A.R.T ist ein Akronym[1] und steht für

Spezifisch – Sie sollten ihre Ziele so konkret und eindeutig wie möglich formulieren. Überlegen Sie sich möglichst ganz genau: Was möchte ich in der pädagogischen Arbeit mit den Kindern und Eltern erreichen und bewirken? Wie lässt sich dieses Ziel beschreiben? Was ist mir in der Zusammenarbeit mit meinen Kolleg*innen wichtig?

Messbar – hierzu gehören auch Angaben über Aufwand und Umfang der einzelnen Ziele, z. B. in welcher Regelmäßigkeit das Ziel zu erfüllen ist und wieviel Zeit es in Anspruch nehmen sollte.

Attraktiv – damit ist gemeint, dass Sie möglichst Lust und Freude an dem Ziel haben sollten oder zumindest der Nutzen erkennbar sein sollte.

Realistisch – Ihre Ziele sollten Ihren persönlichen und fachlichen Kompetenzen entsprechen und in einem angemessenen zeitlichen, räumlichen und ggf. finanziellen Rahmen erfüllbar sein. Überprüfen Sie gut ihren eigenen Anspruch.

Terminiert – dies beinhaltet die zeitliche Vorgabe bzw. Vereinbarung, bis wann das Ziel zu erreichen ist.

---

1 **Akronym** (altgriechisch), ein Sonderfall der Abkürzung, entsteht dadurch, dass Wörter oder Wortgruppen auf ihre Anfangsbestandteile gekürzt werden. https://wortwuchs.net/akronym/ Zugriff: 10.12.2018

Einer Gruppenleitung, die sich ihrer Werte und Ziele bewusst ist, fällt es viel leichter, sich innerhalb der Arbeitsprozesse zu positionieren und ihren Standpunkt im Kleinteam zu vertreten.

3.1.5 Die eigene Persönlichkeit weiterentwickeln

Nachdem Sie sich nun intensiv mit verschiedenen Anteilen Ihrer Persönlichkeit beschäftigt haben, ist es wertvoll, diese Erkenntnisse zusammenzuführen und Ihr individuelles Entwicklungspotenzial zu erkennen und zu benennen.

Dazu bietet sich folgende Methode an:

Baum der persönlichen Entfaltung und Weiterentwicklung

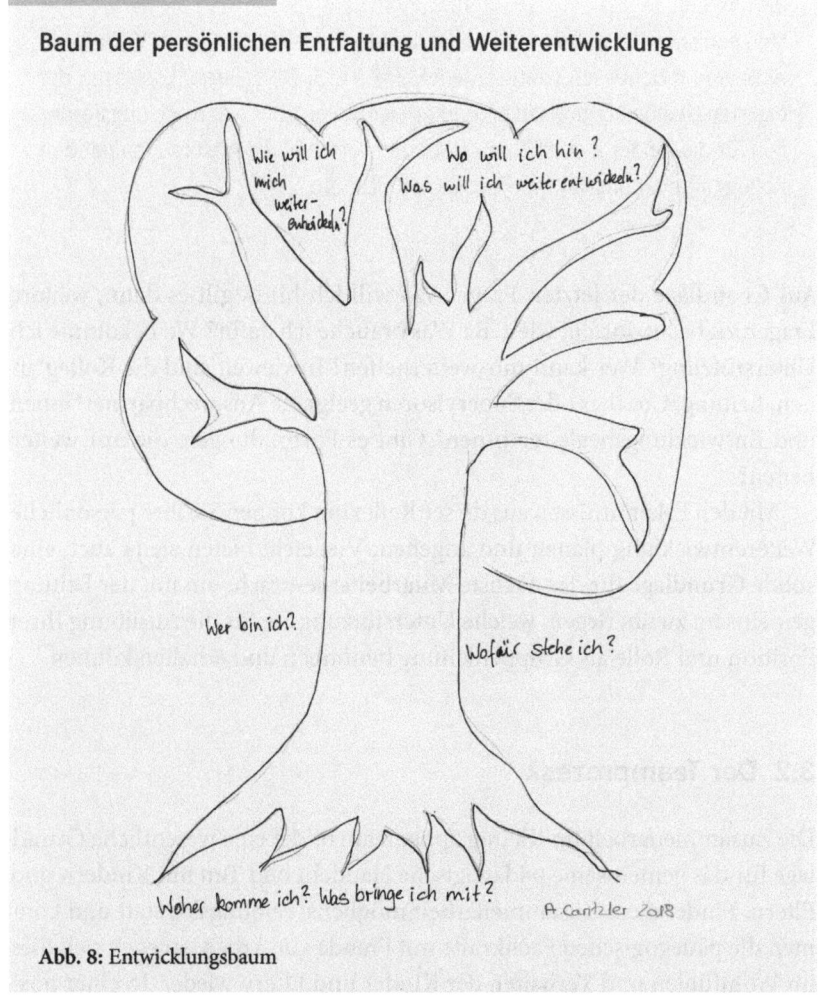

Abb. 8: Entwicklungsbaum

> Nehmen Sie ein großes Flipchart-Papier und zeichnen Sie dort einen Baum mit Wurzeln, Stamm und Ast-/Blätterkrone auf (s. Abb. 8).
> Dann füllen Sie die **Wurzeln** mit Antworten rund um die Fragen: Woher komme ich? Was sind meine Wurzeln? – z. B. Ausbildung als Erzieher*in, heilpädagogische Zusatzausbildung, drei Jahre Berufserfahrung, Lebenserfahrung, Herkunft etc.
> Danach geht es mit dem **Stamm** weiter. Hier wird formuliert und eingetragen: Wofür stehe ich? Was ist mir wichtig? Was sind meine Kompetenzen? – z. B. Teamfähigkeit, Beobachtungsgabe, Verlässlichkeit, Stärkenorientierung, partnerschaftlicher Umgang mit den Eltern, individuelle Entwicklungsförderung etc.
> Und schließlich machen Sie sich Gedanken zu der **Baumkrone:** Wo will ich hin? Was möchte ich weiterentwickeln? – z. B. Delegieren, Loslassen der eigenen Glaubensgrundsätze, Stärken der Kolleg*innen entwicklungsförderlich für die Kinder einbeziehen, klare und verbindliche Absprachen mit den Kolleg*innen, konstruktive Feedback-Kultur etc.

Auf Grundlage der letzten Frage »Wo will ich hin?« gilt es dann, weitere Fragen zu beantworten, wie z. B.: Was brauche ich dafür? Wo bekomme ich Unterstützung? Wer kann mir weiterhelfen? Inwieweit sind die Kolleg*innen, Leitung, Coaches oder Supervisoren geeignete Ansprechpartner*innen und Entwicklungsbegleiter*innen? Gibt es Fortbildungen, die mir weiterhelfen?

Mit den Erkenntnissen aus dieser Reflexion können Sie ihre persönliche Weiterentwicklung planen und angehen. Vielleicht bieten sie ja auch eine solide Grundlage für das nächste Mitarbeitergespräch, um mit der Leitung gemeinsam zu überlegen, welche Unterstützung Sie für die Ausübung Ihrer Position und Rolle als Gruppenleitung benötigen und erhalten können.

3.2 Der Teamprozess

Die Zusammenarbeit im Kleingruppenteam bildet eine wesentliche Grundlage für das gemeinsame pädagogische Handeln und Tun mit Kindern und Eltern. Findet diese Zusammenarbeit möglichst reibungslos statt und kommen die pädagogischen Fachkräfte mit Freude zur Arbeit, spiegelt sich dies im Wohlfühlen und Verhalten der Kinder und Eltern wieder. In einer posi-

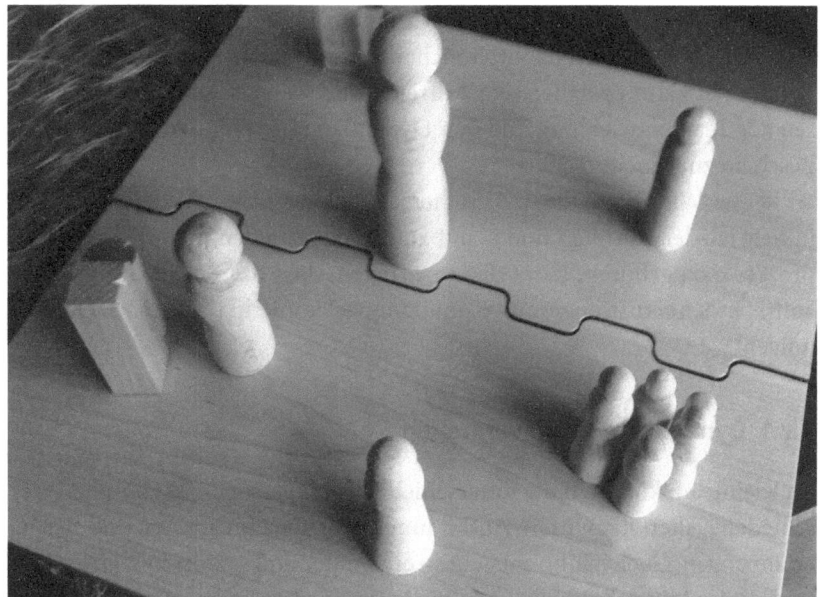

Abb. 9: Teamdynamik

tiven und konstruktiven Atmosphäre kann jeder seine Potenziale entfalten und sich in die Arbeit einbringen.

Der Gruppenleitung kommt daher in ihrer besonderen Rolle die Aufgabe zu, den Teamentwicklungsprozess aktiv zu begleiten und zu gestalten. Das erweist sich in der Praxis als nicht immer ganz einfach.

Bei dem Kleinteam, für das die Gruppenleitung verantwortlich ist, handelt es sich um ein soziales System, das sich fortwährend verändert und neu formt. Welche Gruppenleitung kennt das nicht: einzelne Gruppenmitglieder verlassen die Gruppe, andere kommen neu hinzu. Egal was der Auslöser für den Wechsel ist, jedes Mal werden Prozesse angestoßen, die sich bei näherer Betrachtung der unterschiedlichsten Teams sehr ähneln. Die Unwissenheit um diese natürlichen Teamprozesse führt oftmals dazu, dass in einem Kleinteam die aufkommenden Unstimmigkeiten auf einer persönlich emotionalen Ebene ausgetragen werden und die »Schuld« für entstehende Konflikte in der Person des Gegenübers oder bei sich selbst gesucht werden. Hinzu kommt, dass im pädagogischen Umfeld die Norm der Kooperation und Unterstützung einen sehr zentralen Stellenwert hat. Daraus entsteht oftmals ein großes Harmoniebestreben zwischen den Kolleg*innen. In dieser Atmosphäre werden dann kritische Fragen, Abgrenzungstendenzen und Konflikte zum Tabu und können dadurch nicht offen bearbeitet werden.

Hierbei kann es daher sehr hilfreich und wertvoll sein, über die Phasen der Teamentwicklung und den Dynamiken in Veränderungsprozessen Bescheid zu wissen.

Dieses Wissen um die spezifischen Teamdynamiken, die in jedem Team immer wieder auftreten und somit zu einem gesunden, natürlichen Teamprozess dazugehören, kann dazu beitragen, dass das Kleinteam mit den auftretenden Situationen und Konflikten viel konstruktiver und sachlicher umgeht.

3.2.1 Dynamik im Team verstehen

Im Kleinteam kommen die unterschiedlichsten Personen zusammen – verschiedene Altersstrukturen, Ausbildungswege, Qualifikationen und Berufserfahrungen. Ganz häufig entsteht so ein bunter und sehr individueller Mix. Und dieser Mix soll möglichst schnell und unkompliziert an einem Strang ziehen und die pädagogische Arbeit zum Wohle der Kinder und Eltern gestalten.

Und gerade das ist gar nicht immer so einfach. Dabei kommt es durchaus zu gewissen Anlaufschwierigkeiten. Aber das Ziel sollte immer darin bestehen, ein selbständig arbeitendes und motiviertes Team zu bilden.

Und dabei kann das Modell der »Teamuhr« nach Bruce Tuckman (vgl. Haeske 2008, S. 64 ff.), das die Phasen der Teamentwicklung beschreibt, einer Gruppenleitung weiterhelfen, herauszufinden, wo a) das Kleinteam bzw. b) der*die Einzelne gerade in diesem Entwicklungsprozess steht und c) was die Gruppenleitung tun kann, um das Kleingruppenteam möglichst schnell in eine produktive Phase zu führen.

Dieses Modell unterteilt den Prozess der Teamentwicklung in vier bzw. fünf Phasen, die jeweils eigene Merkmale aufweisen.

1. Die Orientierungsphase (Forming)
In der Praxis gibt es verschiedenste Auslöser für den Eintritt dieser Phase:
- In einer neu gegründeten Kindertageseinrichtung übernimmt die Gruppenleitung ein neu zusammenkommendes Kleingruppenteam.
- Die Gruppenleitung kommt selbst neu in die Gruppe, entweder von außen aus einer anderen Einrichtung oder aus den eigenen Reihen des Kindergartens.
- Ein*e neue*r Mitarbeiter*in kommt in die Gruppe.

Abb. 10: Phasen der Teamentwicklung (in Anlehnung an B. Tuckman, vgl. Haeske 2008, S. 64 ff.)

In diesen unterschiedlichen Situationen steht zunächst das Kennenlernen der Teammitglieder in der neu entstehenden Konstellation im Vordergrund. Der Umgang miteinander ist in der Regel geprägt von Unsicherheit, Höflichkeit, vorsichtigem Beobachten und gegenseitigem Abtasten. Jede*r versucht herauszufinden, wer der*die andere ist und wie er*sie »tickt«.

Klare Ziele und genaue Prozesse sind noch unklar. Dementsprechend ist die fachliche Leistungsfähigkeit eher gering.

Die Aufgaben für die Gruppenleitung bestehen in dieser Phase darin, dass sie dafür sorgt, dass sich jede*r willkommen fühlt. Sie unterstützt den Kennenlernprozess, indem sie alle gleichermaßen informiert, klare Aufgabenstellungen vorgibt und Regeln deutlich definiert.

Wichtig in dieser Phase ist, dass die Beteiligten möglichst nicht zu lange in dieser Phase verbleiben, sodass die Teambildung weiter vorangehen kann.

Einführung neuer Mitarbeiter*innen ins Kleinteam

Für jede*n neue*n Kolleg*in ist der Arbeitsbeginn in einem neuen Team häufig mit gemischten Gefühlen verbunden. Neben der Freude und Motivation, in eine neue Kindertagesstätte zu kommen, gibt es auch Ängste und Bedenken. Eine besondere Herausforderung ist dieser Neueinstieg für Berufseinsteiger*innen, die nun erstmalig die volle Verantwortung innerhalb ihres Berufsfeldes übernehmen. Aber auch erfahrene Kolleg*innen begegnen der Tatsache, sich in ein neues und anderes System und Teamgefüge einfinden zu müssen. Auf der anderen Seite sollte sich das bestehende Team auf die neuen Mitarbeiter*innen einstellen und sich ihnen gegenüber öffnen. Aufgabe der Gruppenleitung ist es diesbezüglich, den Einstieg der neuen Kolleg*innen aktiv zu gestalten, damit diese sich willkommen und gut begleitet fühlt. Im besten Fall gibt es in der Einrichtung ein im Qualitätshandbuch ausgearbeitetes Einarbeitungskonzept, worin die jeweiligen Zuständigkeiten der Einrichtungsleitung und der Gruppenleitung klar und verbindlich festgelegt sind.

Eine gute Orientierung hierzu bietet ansonsten der nationale Kriterienkatalog für pädagogische Qualität in Kindertageseinrichtungen (vgl. Tietze & Viernickel 2016). Der*die neue Mitarbeiter*in braucht u. a. viele unterschiedliche Informationen zu dem spezifischen organisatorischen Rahmen, der einzelnen Verantwortlichkeiten und den diversen Regelungen, die Einrichtung und die Gruppe betreffend. Für Vermittlung der gruppenspezifischen Inhalte und Interessen ist die Gruppenleitung zuständig, für alles Weitere die Einrichtungsleitung.

Die Gruppenleitung sollte dem*der neuen Gruppenkolleg*in aktiv ermöglichen, die Kinder kennenzulernen und auf die Eltern zuzugehen. Um sich kurz vorzustellen, bietet sich hierzu ein Aushang mit kurzer Vorstellung und Foto an.

Wichtig ist, die Einarbeitungsphase entsprechend zu strukturieren, um somit dem*der neuen Kolleg*in das Kennenlernen der Arbeit zu ermöglichen und nach und nach die Verantwortung zu übertragen. Ihm*Ihr sollte Raum für Nachfragen und konstruktive Rückmeldung eingeräumt werden. Jede*r, der*die von außen neu hinzukommt, bringt eigene Erfahrungen und Blickwinkel mit, die die Reflexion und Überprüfung der bestehenden Arbeit ermöglichen.

2. Die Streit- und Verhandlungsphase (Storming)
Nun kommen sich die Teammitglieder näher – und zwar sowohl positiv als auch negativ. Der*Die Einzelne merkt nach und nach, »mit wem er*sie zurechtkommt« – und mit wem nicht. Je nach Größe des Kleinteams bilden sich Subgruppen und unterschwellige Konflikte und Spannungen entstehen. Es kann zu Konkurrenz untereinander kommen. Manchmal wird die Gruppenleitung in dieser Phase in ihrem Handeln abgelehnt oder infrage gestellt.

Die Orientierung an Problemen steht im Vordergrund, die jedoch nicht sachlich gelöst, sondern auf einer persönlichen Ebene ausgetragen werden.

In dieser Phase ist die Gruppenleitung besonders gefragt und gefordert. Sie hat die Aufgabe, konkrete und erreichbare Ziele und Aufgaben aufzuzeigen und dafür Sorge zu tragen, dass sich jede*r mit seinen Stärken und Ressourcen angemessen einbringen kann. Sie ist Schlichter*in und Antreiber*in zugleich, ohne das Ruder direktiv an sich zu reißen und somit allein über alles zu bestimmen. Sie sorgt für einen offenen Dialog, in dem Konflikte besprochen werden können und jeder sich mit seiner Meinung einbringen kann. Jetzt kann es durchaus sehr hilfreich sein, verbindliche Kommunikationsregeln aufzustellen. Die Gruppenleitung achtet vor allem darauf, dass die pädagogische Arbeit mit Kindern und Eltern das Zentrum der gemeinsamen Zusammenarbeit bleibt.

Sollten in dieser Phase unüberwindbare Konflikte zwischen einzelnen Teammitgliedern entstehen, denen sich die Gruppenleitung allein nicht gewachsen fühlt oder wird sie selbst als Person abgelehnt oder infrage gestellt, sollte sie sich Unterstützung durch die Leitung oder eine*n externe*n Supervisor*in holen.

Diese Phase ist oftmals recht beschwerlich und anstrengend. Gleichzeitig ist sie sehr notwendig und wichtig, damit das Team in die nächste wichtige Phase gelangt. Sie beinhaltet die Chance, dass durch die positive Klärung von Auseinandersetzungen und Konflikten eine konstruktive Streit- und Kommunikationskultur entsteht, die für die weitere Zusammenarbeit förderlich ist.

3. Integrationsphase (Norming)
In der Integrationsphase bilden sich die konkreten Abläufe und Regeln heraus, nach denen das Team miteinander arbeiten möchte. Hier entsteht ein erstes Wir-Gefühl.

Es wird offen diskutiert und es kommt stellenweise auch zu unterschiedlichen Meinungen und Auseinandersetzungen, die nun jedoch offen ausgetragen werden können. Somit werden kreative Lösungen und Kompromisse möglich.

Es bilden sich die Rollen im Team, und die Aufgaben werden sinnvoll untereinander verteilt. Das Kleinteam arbeitet nun lösungsorientierter, wobei nicht alles zwangsläufig »rund läuft«.

Die Aufgaben der Gruppenleitung bestehen nun darin, gemeinsam mit den Teamkolleg*innen Absprachen und Spielregeln zu finden und dafür Sorge zu tragen, dass diese eingehalten werden. Es geht um Koordination der pädagogischen und organisatorischen Arbeit unter Berücksichtigung der Stärken und Ressourcen der einzelnen Teammitglieder.

Diese Integrationsphase kann – je nach Team – mehr oder weniger Zeit in Anspruch nehmen. Nach gelungenem Durchlaufen dieser Phase kommt das Team zum erwünschten Ziel.

4. Zusammenarbeitsphase (Performing)

Jetzt ist das Team leistungsfähig und arbeitet effizient und eigenständig. Das gemeinsame, einvernehmliche und an Zielen ausgerichtete Tun steht nun im Vordergrund.

Besonders bemerkenswert ist der Umgang miteinander, der geprägt ist von Wertschätzung und gegenseitigem Respekt. Die während der Integrationsphase entwickelten Rollen bewirken eine konstruktive und lösungsorientierte Zusammenarbeit. Probleme und Konflikte werden offen angesprochen und alle Beteiligten sind an guten Lösungen für das Kleinteam interessiert. Es herrscht ein Wir-Gefühl. Jeder kennt seine Aufgaben und weiß, was wie zu tun ist.

Die Gruppenleitung kann sich nun etwas zurückziehen und muss kaum noch eingreifen. Ihr Fokus liegt jetzt verstärkt auf ihren Aufgaben außerhalb der Teambildung. Zielentwicklung, Reflexion und Weiterentwicklung der pädagogischen Arbeit mit Kindern und Eltern, die Moderation der Kleinteambesprechungen und Überblick über den Gesamtprozess stehen nun im Vordergrund. Darüber hinaus vertritt sie das Kleinteam nach außen im Kontakt mit der Leitung und den anderen Kleinteams.

5. Abschiedsphase (Adjourning)

Diese fünfte Phase wurde als Ergänzung der »Teamuhr« hinzugefügt. Diese Phase kommt immer dann zum Tragen, wenn ein Teammitglied das Kleinteam wieder verlässt. Ein bevorstehender Abschied bringt immer etwas Unruhe und Verunsicherung für alle Beteiligten mit sich. Es ist abzuklären, was noch zu tun ist und wer was übernehmen wird in diesem Prozess.

Die Abschiedsphase sollte von der Gruppenleitung aktiv gestaltet werden, um die erbrachte Leistung der zu verabschiedenden Person zu würdigen. Sie sorgt für klare Absprachen, wie der Abschied im Einzelnen gestaltet wird. Gemeinsam mit den verbleibenden Kolleg*innen bereitet sie sich auf den*die kommende*n Kolleg*in vor, um diesem*r einen guten Start zu ermöglichen.

Gestaltung der Abschiedsphase

Es gibt die unterschiedlichsten Gründe, warum Mitarbeiter*innen das Kleinteam verlassen:
- Einrichtungsinterner Wechsel in eine andere Gruppe
- Schwangerschaft
- Wechsel in eine andere Einrichtung
- Übergang in den Ruhestand
- …

So oder so ist dieser Schritt auf allen Seiten – wechselnde*r Kolleg*in, verbleibende Kolleg*innen, Eltern und Kinder – mit gemischten Gefühlen verbunden. Der Gruppenleitung kommt hier auf Gruppenebene eine besondere Rolle zu. Sie sollte den Abschied als individuellen Prozess verstehen, der möglichst wertschätzend zu gestalten ist und mit dem Zeitpunkt beginnt, wo der anstehende Wechsel bekannt gemacht wird. Auf jeden Fall sollten die begleitenden Gefühle im gemeinsamen Dialog Raum bekommen und auch Eltern und Kinder sind zu gegebener Zeit angemessen zu informieren.
Die Gruppenleitung muss sich ein Bild davon machen, welche Aufgaben und Zuständigkeiten der*die bisherige Kolleg*in übernommen hat und inwieweit er*sie nun schrittweise bis zum konkreten Abschiedstermin entlastet werden kann. Dann gilt es, im Übergang die Aufgaben neu zu verteilen und vorübergehend zu delegieren, bevor es dann mit dem*der neuen Kolleg*in zu neuen Absprachen kommt.
Im Vorfeld sollte miteinander besprochen werden, wie die konkrete Verabschiedung mit den Kindern, Eltern und im Team stattfinden soll.
In der Regel freut sich jede*r Kolleg*in über ein kleines persönliches Abschiedsgeschenk, das an die gemeinsame Zeit erinnert.

Soweit die Theorie. Überträgt man das Modell auf die Praxis, zeigt sich, dass diese Abfolge nicht immer in dieser idealisierten Weise verläuft. Hier ist der Verlauf durch die unterschiedlichsten Rahmenbedingungen und Einflüsse bestimmt.

Natürlich sind die einzelnen Phasen in verschiedenen Teams unterschiedlich stark ausgeprägt und dauern auch unterschiedlich lang. Es gibt jede Menge Faktoren, die den Ablauf dieser Phasen bestimmen, z. B.:
- Atmosphäre des Umfelds (locker, eher starr)
- Größe der Gruppe
- bereits miteinander bekannte Teammitglieder
- Erfahrung und Führungskompetenz der Gruppenleitung
- ...

Darüber hinaus kann es innerhalb dieser Phasen immer wieder zu Rückschritten kommen:
- Das eine Team fällt aus unterschiedlichsten Gründen von der Arbeitsphase wieder in die Integrationsphase oder von dieser wieder zurück in die Streit- und Verhandlungsphase.
- Ein anderes Team bleibt in der Streit- und Verhandlungsphase stecken und kommt nicht voran.
- Durch den Einstieg eines*einer neuen Mitarbeiter*in kommt es zunächst zu einer neuen Orientierungsphase und die erneut auftretenden Unklarheiten bezüglich der Rollenverteilung führen wieder in eine Streit- und Verhandlungsphase.

Trotz dieser unterschiedlichen Bedingungen und Einflüsse kann man vieles von dem hier beschriebenen in der Praxis immer wieder beobachten. Durch die Betrachtung und Analyse des Teambildungsprozesses mit Hilfe der »Teamuhr« erschließen und erklären sich manchmal Themen und Problematiken, für die es vorher keine Erklärungen gab. Dadurch können diverse Themen und Probleme auf der Sachebene geklärt werden, was sich wiederum förderlich auf die Teambildung und die Teamentwicklung auswirkt.

Teamuhr

Anregung für die Analyse Ihres Teams:

Drucken Sie sich die Teamuhr (digitales Zusatzmaterial) auf DIN A4 oder DIN A3 aus.
Überlegen Sie entweder für sich oder gemeinsam mit ihren Teammitgliedern, in welcher Phase Sie sich gerade mit Ihrem Team befinden. Machen Sie

sich Notizen dazu und überlegen Sie, was das aktuell für Ihre Rolle und Ihr Handeln als Gruppenleitung bedeutet. Welche nächsten Schritte ergeben sich daraus für Sie und Ihr Team?

Ergänzend hierzu können Sie auch Spielfiguren nutzen und ihre Teammitglieder einmal bitten, zu schauen, in welcher Phase sie sich selbst gerade im Teamprozess befinden. Dann sollte jeder sich mit seiner Spielfigur einmal positionieren.
Daran schließt ein Gespräch über die abzuleitende Bedeutung und die sich daraus ergebenden gemeinsamen nächsten Schritte an.

Wenn Sie Lust haben, mit ihrem Team mehr in Bewegung zu kommen, können Sie die »Teamuhr« auch mit Seilen auslegen und jeder positioniert sich in dem Feld der Phase, in der er*sie sich gerade befindet. Gemeinsam kann überlegt werden, wer was braucht und was notwendig ist, um sich gemeinsam weiterzuentwickeln.

3.2.2 Prozesse im Team begleiten

Das zuvor beschriebene Modell der »Teamuhr« mit seinen Phasen zur Teamentwicklung hilft erst einmal dabei, die einzelnen Phasen erkennen und benennen zu können, in denen sich das Team im Einzelnen befindet.

Ein besonderes Augenmerk sei hier ergänzend auf die Streit- und Verhandlungsphase bzw. auf die Integrationsphase gelegt, in der es wichtige Fragen zu klären gilt, um im Teamentwicklungsprozess weiterzukommen. Dazu bietet sich zur Verdeutlichung und Bearbeitung ein Erklärungsmodell zum Teamprozess in Anlehnung an das Modell zum »Stochastischen Prozess« nach Fallner (2015, S. 47) an (vgl. Abb. 11).

Mit Eintritt der Veränderung geraten das bislang bestandene System und die damit verbundenen Regeln der Zusammenarbeit aus dem Gleichgewicht. Nun heißt es, miteinander in den Dialog zu treten und sich zu verständigen, wie die weitere gemeinsame Zusammenarbeit aussehen soll.

Hier treffen Bewährtes, Neues und zu Verabschiedendes aufeinander. Besonders interessant an diesem Prozess ist das Phänomen, dass auf einmal viele Themen wiederauftauchen, von denen bislang angenommen wurde,

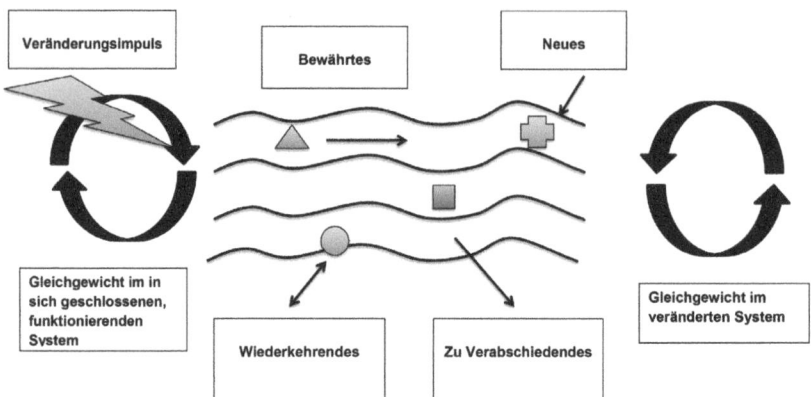

Abb. 11: Teamprozess (bearbeitet und erweitert von A. Cantzler in Anlehnung an »Stochastischer Prozess« von H. Fallner, Arbeitspapier Coachingausbildung, 2009)

dass sie eigentlich schon längst erledigt sind. Wir sprechen hier von den wiederkehrenden Themen (Redundanzen). Letzteren ist eine besondere Aufmerksamkeit zu schenken, da sie zwar vorübergehend in der laufenden Arbeit kein Thema waren. Dass sie jedoch wieder Thema werden, ist ein wichtiger Hinweis darauf, dass es immer noch Ungeklärtes in diesen Themen gibt. Sie waren im vorherigen Gleichgewicht integriert und liefen mehr oder weniger rund. Jetzt, auf dem Weg in das neue Gleichgewicht, bedürfen sie der erneuten Bearbeitung. Es sind neue bzw. andere Lösungen zu finden. Sie sind als Chance zu begreifen, sich als Kleinteam in einer kooperativen und konstruktiven Kommunikationskultur zu üben und über diese Themen erste gemeinsame Lösungen zu entwickeln.

In einem gemeinsamen Prozess gilt es nun, im Kleinteam herauszufinden, was in das neu zu entwickelnde Gleichgewicht integrierbar ist und was auf dem Weg dahin eher hinderlich ist.

Dazu sollte die Gruppenleitung mit ihrem Kleinteam einige elementare Fragen bearbeiten:
- Fragen nach dem Bewährten: Was hat sich bisher in der Arbeit mit Kindern, Eltern und in der Zusammenarbeit im Kleinteam bewährt? Was ist es auch weiterhin wert, zu bewahren?
- Fragen nach dem Neuen: Was kommt nun an Neuem dazu, was zu integrieren ist, damit es gemeinsam weitergehen kann? Wer kann ggf. neue Ressourcen oder andere Fähigkeiten einbringen?

- Fragen nach dem zu Verabschiedenden: Wovon muss sich verabschiedet werden, damit es gemeinsam weitergehen kann? Was ist überflüssig geworden? Was blockiert das Weiterkommen?
- Fragen nach den wiederkehrenden Themen (Redundanzen): Welche früheren Themen rücken wieder in den Fokus und kommen zur Sprache? Worum geht es bei diesen Themen? Was braucht es, um diese Themen möglichst nachhaltig zu klären und anhaltende Lösungen zu finden?

Anregung zur Bearbeitung des Stochastischen Prozesses

Drucken Sie sich den »Stochastischen Prozess« (Abb. 11) in DIN A3 mit den ergänzenden Arbeitsblättern (s. digitales Zusatzmaterial) aus und bearbeiten Sie die Fragen gemeinsam im Team. Vereinbaren Sie anschließend ihr gemeinsames Vorgehen. Gibt es Punkte, bei denen Sie Hilfe und Unterstützung von der Leitung oder einem*einer Supervisor*in benötigen?

Stochastischer Prozess

3.2.3 Veränderungen angehen

Die pädagogische Arbeit in der Kindertagesstätte ist in den letzten Jahren mit vielen Anforderungen und Veränderungen konfrontiert. Es gibt gesetzliche Vorgaben, Dienstanweisungen von Trägern, konzeptionelle Weiterentwicklungen und pädagogische Neuerungen, die eine hohe Flexibilität von den pädagogischen Fachkräften erfordern.

Und so begleiten uns das ganze Leben – beruflich wie auch privat – immer wieder die unterschiedlichsten Veränderungen. Aber nicht jeder Mensch geht gleichermaßen mit diesen Veränderungen um.

Es gibt eine kleine Geschichte über ein Zwillingspärchen, das sich im Mutterleib[2] über die bevorstehende Geburt unterhält. Der eine Zwilling ist ganz freudig neugierig und zuversichtlich auf das, was dann sein wird. Der andere Zwilling möchte an der Geborgenheit im Mutterleib festhalten, kann sich die bevorstehende Veränderung gar nicht vorstellen und mag sich daher auch nicht auf diese Veränderung einlassen.

---

2 »Mutter« aus: Niemeyer, S. u. a. (2010): Oh! Noch mehr Geschichten für andere Zeiten. Hamburg: Andere Zeiten Verlag.

So wie dem zweiten Zwilling geht es vielen Menschen. Die Veränderung gehört zu unserem Alltag. Wir werden älter, gehen Beziehungen ein, gründen Familien. Die Welt um uns verändert sich beispielsweise durch Mode, Technik und Medien. Und in der Kita kommen und gehen Kinder, Eltern und Kolleg*innen, Gruppenformen und Betreuungszeiten verändern sich, unterschiedlichste gesetzliche Anforderungen gilt es anzunehmen und umzusetzen. Schon Heraklit[3] brachte diese Tatsache auf eine ganz einfache Formel: »Die einzige Konstante im Universum ist die Veränderung«.

Eine Gruppenleitung begegnet in ihrem Berufsalltag also zwangsläufig den unterschiedlichsten Veränderungen, die sie gemeinsam mit ihren Gruppenkolleg*innen zu meistern hat.

Nun liegt es aber durchaus in der Natur des Menschen – ähnlich wie der zweite Zwilling in der einleitenden Geschichte – nicht sofort freudig auf jede Veränderung zuzugehen. Der Mensch ist nun einmal ein Gewohnheitstier.

> **Hierzu zunächst eine kleine Übung:**
>
> Falten Sie spontan Ihre Hände in einer solchen Weise, dass sich die Finger der beiden Hände abwechseln. Dann schauen Sie, ob bei Ihnen der linke oder der rechte Daumen oben liegt. Die Positionen der anderen Finger ergeben sich automatisch.
> Nun nehmen Sie die Hände wieder auseinander und falten Sie anschließend bewusst so, dass der andere Daumen obenauf liegt und sich hierdurch die Reihenfolge der Finger verändert.
> Wie fühlt sich das für Sie an? Ungewohnt, komisch, schief, falsch?
> Offensichtlich hat jede*r eine unbewusste Präferenz für eine der beiden möglichen Positionen und erfährt ein sonderbares Gefühl der »falschen Reihenfolge«, wenn er*sie testweise die ihm*ihr ungewohnte Seite forciert.

Und so fühlen sich auch häufig Veränderungen an. In vielen Menschen dominieren mit Blick auf Veränderungen zunächst Zweifel, Ablehnung und das Festhalten am Gewohnten. Das bislang Bekannte und Vertraute ist verinnerlicht, automatisiert und gibt Sicherheit. Das Neue kennt man noch

---

3 Heraklit von Ephesos (* um 520 v. Chr.; † um 460 v. Chr.), griechischer Philosoph.

nicht und das löst daher zunächst Unsicherheit aus. Die Einzelnen brauchen etwas Zeit, um sich auf Veränderungen einlassen zu können.

Bei genauerer Betrachtung läuft dieser Prozess in ganz bestimmten Phasen ab, um schließlich bereit und in der Lage zu sein, mit der Veränderung zu leben, diese zu akzeptieren und in das eigene Tun und Denken zu integrieren. Jeder Mensch durchläuft einen solchen Prozess, der eine schneller und der andere langsamer, je nachdem ob die Veränderung eher als Chance oder als Krise wahrgenommen wird.

Inwieweit eine Veränderung als Chance oder Krise erlebt wird, hat in der Regel ganz viel mit den eigenen biografischen Erfahrungen zu tun. Daher kann es durchaus interessant sein, einmal gemeinsam in den Austausch zu gehen, welche Erfahrungen der*die Einzelne in den zurückliegenden Lebensabschnitten rund um Veränderungen gemacht hat.

Biografische Selbstreflexion: Veränderungen

Welche Bedeutung haben und hatten Veränderungen in Ihrem bisherigen Leben? – Gehen Sie gedanklich Schritt für Schritt in Ihrer Biografie von heute zurück bis in Ihre Kindheit. Und dann machen Sie sich Notizen zu den einzelnen Stationen: Kindheit, Kindergarten, Schule, Jugendalter, Ausbildung, junge*r Erwachsene*r, Berufseinstieg, Beruf, Heute. Welche Veränderungen haben Sie er- und durchlebt? Welche Vorzeichen hatten diese Veränderungen? Sind diese Veränderungen eher positiv oder eher negativ geprägt? Beinhalteten diese Veränderungen für Sie eher eine Chance, sind Sie dadurch weitergekommen? Oder haben Sie Veränderungen eher krisenhaft und schwierig erlebt? Was haben Sie für Einstellungen und Haltungen aus diesen Erfahrungen gezogen? Inwieweit beeinflussen Sie diese Erfahrungen heute noch?

Wählen Sie drei bis fünf Situationen aus den verschiedensten Lebensabschnitten aus und versuchen Sie, ein entsprechend passendes Symbol zu finden.

Anschließend nehmen Sie ein großes Flipchart-Papier und jede*r malt seine Symbole verteilt auf das Papier. Dann beginnt der*die Dienstjüngste und stellt eine Spielfigur auf das Symbol eines*einer Gruppenkolleg*in. Diese*r erzählt dann das über die Erfahrung mit Veränderungen, was er*sie mit diesem Symbol verbindet. Danach stellt er*sie die Spielfigur auf ein anderes Symbol. Und dann erzählt der*die Nächste. So geht es weiter bis alle Symbole abgearbeitet wurden.

Biografische Selbstreflexion

Ergänzend hierzu finden Sie beim digitalen Zusatzmaterial ein Formular zur Unterstützung der biografischen Selbstreflexion.

Neben dieser biografischen Selbstreflexion kann es als Gruppenleitung sinnvoll und hilfreich sein, sich die verschiedenen Phasen eines Veränderungsprozesses (s. Abb. 12) einmal genauer anzusehen, um dadurch das Verhalten und die Befindlichkeiten bei sich selbst und den anderen Gruppenkolleg*innen besser nachvollziehen zu können.

Bevor der Fall einer Veränderungsnotwendigkeit und damit verbundenen Neuorientierung eintritt, befinden sich die Prozessbeteiligten in aller Regel in einem Zustand der sogenannten **relativen Zufriedenheit.** Diese erste Phase ist geprägt durch das Bewahren-Wollen des Ist-Zustands. So, wie es ist, ist es mehr oder weniger gut, und so soll es bleiben. In dieser Phase sind die Regeln vertraut und jeder weiß, was erwartet wird bzw. zu tun ist.

In der zweiten Phase dominieren die **Zweifel.** Sinn und Notwendigkeit einer Veränderung werden hinterfragt und angezweifelt. Es herrscht große Unsicherheit. Das ein oder andere Gruppenmitglied stellt sich hier auch die Frage, ob es den Anforderungen überhaupt gewachsen ist.

Manchmal werden die Zweifel so groß, dass Einzelne mit **Ablehnung** auf den ganzen Prozess reagieren. Die angestrebte Veränderung wird als unnötig bewertet und es kommt zu einer Verweigerung, sich an dem weiteren Prozess zu beteiligen. Oftmals handelt es sich hierbei um einen vorübergehenden Zustand, der sich in vielfältigen Gesprächen mit den Kolleg*innen wieder auflösen kann. Im Einzelfall bleibt eine Mitarbeiter*in jedoch in diesem Zustand stecken. Dies bedarf oftmals einer intensiven Ursachenforschung, manchmal auch mit Unterstützung durch die Leitung oder von außen, um diese Blockade zu lösen.

Zurück über die Phase des Zweifels tritt dann irgendwann die Phase der **Verwirrung** ein. Hier ist der Blick bereits nach vorne gerichtet und der Sinn und die Notwendigkeit der Neuorientierung weitestgehend angenommen worden. Ab und zu können zwar noch Zweifel auftreten, im Großen und Ganzen geht es aber jetzt darum, herauszufinden, was die Veränderung

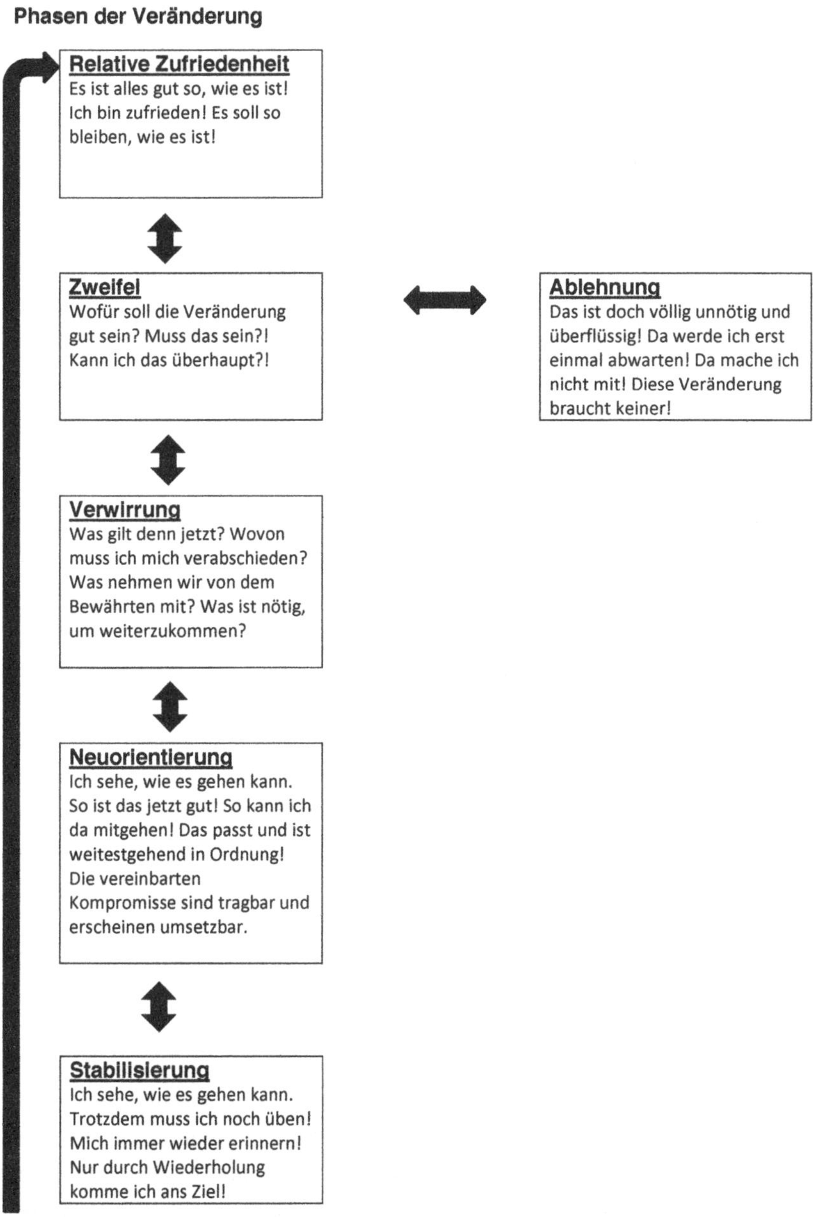

Phasen der Veränderung

Relative Zufriedenheit
Es ist alles gut so, wie es ist!
Ich bin zufrieden! Es soll so
bleiben, wie es ist!

Zweifel
Wofür soll die Veränderung
gut sein? Muss das sein?!
Kann ich das überhaupt?!

Ablehnung
Das ist doch völlig unnötig und
überflüssig! Da werde ich erst
einmal abwarten! Da mache ich
nicht mit! Diese Veränderung
braucht keiner!

Verwirrung
Was gilt denn jetzt? Wovon
muss ich mich verabschieden?
Was nehmen wir von dem
Bewährten mit? Was ist nötig,
um weiterzukommen?

Neuorientierung
Ich sehe, wie es gehen kann.
So ist das jetzt gut! So kann ich
da mitgehen! Das passt und ist
weitestgehend in Ordnung!
Die vereinbarten
Kompromisse sind tragbar und
erscheinen umsetzbar.

Stabilisierung
Ich sehe, wie es gehen kann.
Trotzdem muss ich noch üben!
Mich immer wieder erinnern!
Nur durch Wiederholung
komme ich ans Ziel!

Abb. 12: Phasen der Veränderung (bearbeitet und entwickelt von A. Cantzler in Anlehnung an das Modell der »Räume der Veränderung« von M. Pohl aus einem internen Arbeitsmaterial der Lehrcoachings und Supervisionen, 2018)

im Einzelnen bedeutet. Es stellt sich die Frage nach den nun bestehenden Regeln. Es geht darum, was bleibt, was neu kommt und wovon es sich zu verabschieden gilt. (Hier bestehen Parallelen zum Stochastischen Prozess Kapitel 3.2.2)

Ist die Phase der Verwirrung gut reflektiert und bearbeitet, tritt die Phase der **Neuorientierung** ein. Es entstehen Ideen und Modelle, wie die Veränderung im Einzelnen aussieht und umsetzbar ist.

An diese Neuorientierung schließt sich dann erst einmal eine Phase der **Stabilisierung** an. Die Ideen, Modelle und Absprachen müssen zunächst eingeübt und ständig wiederholt werden, damit sich eine zunehmende Handlungssicherheit entwickeln kann.

Und auf einmal passiert etwas ganz automatisch. Mit der steigenden Handlungssicherheit entsteht ein neues Gefühl der **relativen Zufriedenheit**. Und dann darf das Neuentwickelte so sein, wie es ist und so bleiben. Das Ankommen in diesen erneuten Zustand der relativen Zufriedenheit ist dann ein sicheres Zeichen dafür, dass die Veränderung akzeptiert und in den Berufsalltag integriert worden ist.

Nun gibt es viele Möglichkeiten, das Wissen um diese Phasen in einem Veränderungsprozess in die Gruppenteamarbeit einfließen zu lassen. Zum einen können Sie es für sich nutzen, um herauszufinden, wo Sie sich selbst in diesem Prozess befinden und wo Sie denken, dass Ihre Gruppenkolleg*innen stehen. Daraus können Sie dann ableiten, welche weiteren Schritte nötig und möglich sind, um weiterzukommen. Darüber hinaus bietet sich der gemeinsame Blick auf die Phasen auch als Grundlage für einen gemeinsamen Dialog an. Hier kann dann miteinander besprochen werden, was die Einzelnen für den weiteren Prozess brauchen, um eine Veränderung mit umsetzen zu können.

Da Veränderungsprozesse mitunter recht anstrengend und beschwerlich sein können, sollten Sie als Gruppenleitung immer daran denken, zwischendurch innezuhalten, um Teilerfolge wahrzunehmen und bereits Geschafftes gemeinsam zu feiern, denn schon Demokrit wies darauf hin, dass »ein Leben ohne Feste« vergleichbar mit einer langen »Wanderung ohne Einkehr« ist.[4]

---

4 »Ein Leben ohne Feste ist wie eine lange Wanderung ohne Einkehr«, Demokrit (460–370 v. Chr.), griech. Naturphilosoph.

Phasen der Veränderung – Anregung zur Anwendung im Kleinteam

Legen Sie mithilfe von Seilen und Schildern, wie im Foto gezeigt, die Phasen der Veränderung auf dem Boden aus.
Dann formulieren Sie gemeinsam mit Ihren Teamkolleg*innen die anstehende Veränderung, die es gilt als Neuorientierung anzustreben. Schreiben Sie diese Veränderung auf Moderationskarten und legen Sie diese zu dem Schild der Neuorientierung. Jetzt geht jede*r Einzelne in sich und überlegt, an welchem Punkt dieses Prozesses er*sie sich gerade befindet und stellt sich entsprechend zu dem jeweiligen Schild. Nachdem sich alle positioniert haben, kommen Sie gemeinsam darüber ins Gespräch und teilen Sie sich untereinander mit, warum Sie sich an diesem Punkt befinden. Anschließend überlegen und planen Sie gemeinsam, was Sie brauchen, um den jeweils nächsten Schritt zu gehen. Vereinbaren Sie das weitere Vorgehen.

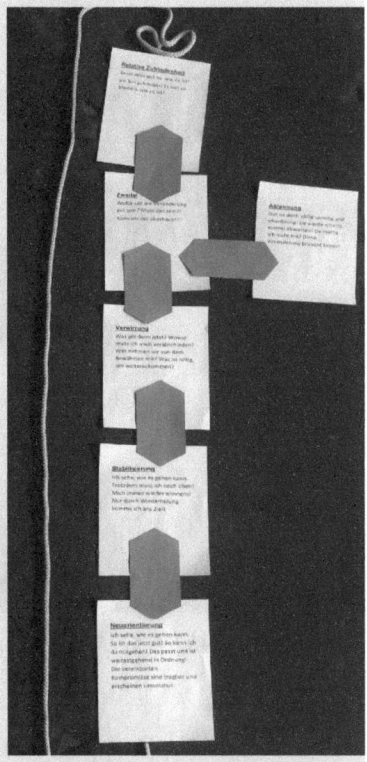

Abb. 13: Phasen der Veränderung

Alternativ können Sie sich die Übersicht über die Phasen auch auf DIN A3 ausdrucken und jede*r nimmt sich eine Spielfigur, die er*sie auf die zutreffende Phase stellt. Der anschließende Dialog findet dann, wie oben beschrieben, statt.

Beim digitalen Zusatzmaterial finden Sie hierzu ergänzende Materialien, die Sie für Ihre Teamarbeit nutzen können.

Phasen der Veränderung

3.3 Die Teammitglieder

Abb. 14: Teammitglieder

Und was wäre eine Gruppenleitung ohne ihr Team bzw. ein Team ohne die einzelnen Teammitglieder? Neben den zuvor beschriebenen Teamprozessen, die in jedem Team stattfinden, liegt ein weiterer Fokus auf den einzelnen Teammitgliedern, die an diesen Prozessen wesentlich beteiligt sind.

In vielen Stellenbeschreibungen wird daher der Gruppenleitung die Aufgabe zugeschrieben, ihre Teammitglieder in alle Belange der pädagogischen Arbeit der Gruppe einzubeziehen.

Um das eigene Kleinteam in eine erfolgreiche Teamarbeit zu führen, braucht eine Gruppenleitung zunächst einmal einen Überblick darüber, welches im Einzelnen die Merkmale erfolgreicher Teams sind.

Merkmale eines erfolgreichen Teams

Sich ergänzende Kompetenzen und Ressourcen – wenn jede*r sich weitgehend mit seinen*ihren eigenen Stärken in die pädagogische Arbeit einbringen kann und diese sich möglichst ergänzen, entsteht ein Synergieeffekt, von dem in der Regel alle Beteiligten im Team und somit auch die Kinder und Eltern profitieren.

Gemeinsame Ziele – sind im Team explizit zu formulieren und zu vereinbaren und bilden eine wesentliche Grundlage für das gemeinsame Verständnis zu den pädagogischen Grundsätzen und Inhalten. Durch das Hinarbeiten auf gemeinsame Ziele entstehen eine gemeinsame Vision und ein Wir-Gefühl.

Klare Rollen und Zuständigkeiten – sind die Rollen und die damit verbundenen Aufgaben und Zuständigkeiten im Kleinteam jedem*jeder klar, vereinfacht dies die Zusammenarbeit und die einzelnen Teammitglieder können sich auf die gemeinsam entwickelten Ziele konzentrieren. In der Regel entsteht daraus eine klare Struktur, in der jede*r weiß, wie die Arbeitsprozesse und die Zusammenarbeit im Team laufen.

Positives Miteinander – die Zusammenarbeit im Kleinteam ist geprägt durch Wertschätzung, Anerkennung und Respekt. Dies bildet ein wichtiges Fundament für eine offene Kommunikation und ermöglicht eine konstruktive Feedbackkultur.

Eine wesentliche Aufgabe der Gruppenleitung besteht darin, eine solide Basis für die hier benannten Merkmale zu schaffen.

Die folgenden Abschnitte und Kapitel beschäftigen sich daher mit Ideen und Anregungen, wie eine Gruppenleitung eine erfolgreiche Teamarbeit aktiv anregen, intensivieren und weiterentwickeln kann.

3.3.1 Individuelle Kompetenzen und Ressourcen entdecken

Ein Team ist nicht nur die Summe der zusammenkommenden Arbeitskraft, sondern setzt sich zusammen aus den verschiedensten Persönlichkeiten und Kompetenzen seiner einzelnen Mitglieder.

Ein Kleinteam, das gut zusammenarbeitet, zeichnet sich dadurch aus, dass allen Teammitgliedern ihre Stärken und Schwächen bekannt sind und sich jede*r entsprechend seiner*ihrer Stärken in die Arbeit einbringt. Unliebsame Aufgaben, die keine*r so richtig gerne übernimmt, werden gleichmäßig verteilt. Jedes Teammitglied bringt sowohl fachliche als auch persönliche Kompetenzen in die pädagogische Arbeit ein. Durch das Ineinandergreifen der unterschiedlichsten Stärken und Fähigkeiten entstehen Synergieeffekte, die die gemeinsame pädagogische Zusammenarbeit positiv beeinflussen.

Dies spiegelt sich dann beispielsweise in der Arbeit mit den Kindern und Eltern wieder. Der*die musikalisch begabte Kolleg*in übernimmt beispielsweise regelmäßig den Singkreis, der*die Psychomotoriker*in die Bewegungsrunden und der*die Kreative das Werken und Basteln. So ist es für die Kinder möglich, von der jeweiligen Begeisterung des*der Einzelnen zu profitieren und mit Lust etwas Neues auszuprobieren. Und in der partnerschaftlichen Zusammenarbeit mit den Eltern können unterschiedliche Kolleg*innen ihre verschiedenen Stärken und Fähigkeiten für alle sinnvoll und gewinnbringend ein- und anbringen.

Auch in der organisatorischen Zusammenarbeit kann es sehr hilfreich sein, herauszufinden, was die Einzelnen gut können und was ihnen leicht von der Hand geht.

Dies entspricht dem sogenannten »Pinguin-Prinzip«, das u. a. Eckart von Hirschhausen in einem seiner Kabarett-Programme beschreibt. Er erzählt dabei von einer Begebenheit, wo er zunächst einen Pinguin an Land beobachtet hat, wo dieser eher unbeholfen wirkt. Sobald dieser Pinguin sich jedoch im Wasser bewegt, verwandelt sich dieses eher tollpatschig wirkende Tier in einen eleganten, wendigen Schwimmer. Als Lehre ist aus diesem Beispiel zu ziehen, dass es darum geht, dass möglichst jede*r sein Element findet, um so seine Stärken zur vollen Entfaltung bringen zu können.[5]

---

5 Dr. Eckart von Hirschhausen: Das Pinguin-Prinzip. Verfügbar unter: https://www.youtube.com/watch?v=Az7 lJfNiSAs, Zugriff: 11.01.2019.

Überlegen Sie gemeinsam mit Ihren Teammitgliedern, wann, wer, wie und wo sich in seinem Element befindet und sich somit so effizient wie möglich in den gemeinsamen Teamprozess und die pädagogische Arbeit mit Kindern und Eltern einbringen kann.

Abb. 15: Pinguin-Prinzip

Ergänzend hierzu kann auch jede*r im Kleinteam einen Steckbrief über sich anfertigen, in dem er*sie selbst einträgt, was er*sie im Einzelnen gut kann.

Steckbrief

Steckbrief

Name:

Alter:

Stärken/Können/Wissen

Zusatzausbildung:

Fortbildungen:

Spezialgebiet/Besonderes Interesse:

Päd. Arbeit mit den Kindern:

Zusammenarbeit mit den Eltern:

Zusammenarbeit im Team:

Organisatorisches:

Hobbys:

Ein weiterer Schritt kann darin bestehen, dass die Teammitglieder sich untereinander zurückmelden, was sie an der fachlichen Arbeit der Kolleg*innen mit Kindern, Eltern und im Team besonders schätzen und worin sie die besonderen Stärken und Fähigkeiten dieser Person sehen.

Vielleicht haben Sie ja Lust, Ihrer Kolleg*in hierzu in ein kleines Briefchen oder eine Postkarte zu schreiben, wo Sie die jeweiligen Stärken besonders herausstellen. Sie können auch eine Mappe anlegen, in der für jede*n Kolleg*in ein schön gestaltetes und personalisiertes Blatt reserviert ist. Hier kann jedes Teammitglied nach Bedarf und Situation aufschreiben, wenn ihm*ihr etwas Besonderes aufgefallen ist, dass diese*r Kolleg*in positiv an diesem Tag in die Arbeit eingebracht hat. Nehmen Sie diese Einzelrückmeldungen als Ausgangspunkt, um herauszufinden, wer welche Stärken mit in die tägliche Arbeit einbringt, wovon die gesamte Zusammenarbeit positiv beeinflusst wird. Schauen Sie, inwieweit die Stärken weiter ausgebaut werden sollten und können.

> **Anregung: Schatzsuche im Alltag**
>
> Und wenn es im pädagogische Alltag wieder einmal schnell gehen muss, weil nicht immer ausreichend Zeit zur Verfügung steht, sich intensiv über die jeweiligen Stärken auszutauschen, finden Sie andere Wege sich untereinander positiv zu bestärken und Feedback zu geben
> Legen Sie sich eine kleine »Schatztruhe« mit Edelsteinen zu. Immer wenn Ihnen etwas Besonderes auffällt, dass Ihrem*Ihrer Kolleg*in sehr gelungen ist oder wo er*sie sich mit seinen*ihren Stärken einbringen konnte, schenken Sie ihm*ihr einen Edelstein mit einer kurzen Erklärung.
> Oder gestalten Sie ein personalisiertes Einmachglas mit Deckel für jede*n Mitarbeiter*in und beschriften dies mit Ressourcen, Kompetenzen, Stärken. Suchen Sie einen für Sie und Ihre Teammitglieder gut zugänglichen Platz, an dem diese Gläser feststehen können. Legen Sie bunte Notizzettel und Stifte dazu. Immer, wenn Ihnen etwas Besonderes aufgefallen ist oder Sie sich über etwas sehr gefreut haben, notieren Sie dies als positive Rückmeldung auf einen Zettel und stecken es der jeweiligen Kollegin in ihr Glas. Laden Sie Ihre Kolleg*innen ein, dies untereinander und auch für Sie zu tun. In unregelmäßigen Abständen können Sie dann entweder gemeinsam in einer Kleingruppenbesprechung diese kleinen Bestärkungen lesen und genießen. Oder einfach zwischendurch darüber wieder Kraft tanken, um sich wieder mit neuer Energie und neuem Elan in den anspruchsvollen Arbeitsalltag einbringen zu können.

Erfährt der*die Einzelne regelmäßig Bestärkung in seinem*ihrem Tun und Handeln, belebt dies die Zusammenarbeit und ebnet später auch den Boden, um Konflikte gut miteinander austragen zu können.

Ein weiterer wichtiger Prozess für eine stärken- und ressourcenorientierte Zusammenarbeit ist die Analyse dessen, worin im Kleinteam dann die eigentlichen Gemeinsamkeiten und Überschneidungen liegen und ergänzend hierzu die Unterschiedlichkeiten und Besonderheiten der einzelnen Teammitglieder zu erkennen. Hierzu bietet sich nachfolgende Methode an.

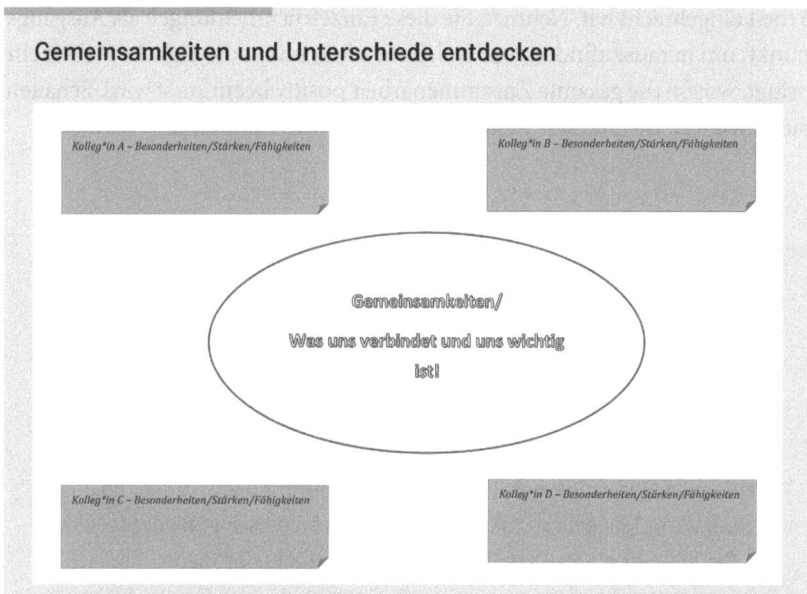

Abb. 16: Gemeinsamkeiten und Unterschiede

Überlegen Sie im Kleinteam, wer von Ihnen welche Stärken und Fähigkeiten hat und diese entsprechend in die Zusammenarbeit einbringen kann. Wo gibt es Überschneidungen? Wo sehen Sie klare Unterschiede?
Nehmen Sie ein Flipchart-Papier und füllen Sie es gemäß Abbildung 16 mit den verschiedenen Stärken und Fähigkeiten aus.
Sprechen Sie im Anschluss darüber, wer auf dieser Grundlage welche Zuständigkeiten im Team übernehmen kann und inwieweit Sie sich ergänzen. Ergeben sich aus dieser Übersicht vielleicht notwendige Bereiche, die unterrepräsentiert sind und wo es ggf. Weiterbildungsbedarf einzelner Gruppenmitglieder oder Unterstützungsbedarf aus anderen Gruppen gibt?

3.3.2 Teamrollen und Zuständigkeiten akzeptieren

In der Kleingruppe kommen die unterschiedlichsten Rollen zusammen. Dabei gilt es zunächst einmal grundsätzlich zwischen den Funktionen innerhalb des Teams und dem individuellen Rollenverhalten der verschiedenen Teammitglieder zu unterscheiden. Das bedeutet, dass es innerhalb des Kleinteams zunächst einmal an die jeweilige Position gebundene und zugeordnete Rollen gibt, wie z. B. die Gruppenleitung, die pädagogische Zweitkraft, der*die Praktikant*in, die Integrationsfachkraft etc. An diese Positionen sind in der Regel Erwartungen, Aufgaben und Zuständigkeiten geknüpft. Diese Positionen wurden den einzelnen Personen zugewiesen, indem sie sich entweder darauf beworben haben oder sie in diese Position mehr oder weniger reingerutscht sind.

Nun ist jede Person anders und bringt eine individuelle Note mit in die Rolle hinein. Dieses individuelle Rollenverhalten beinhaltet somit die Art und Weise, wie der*die Einzelne mit den Kolleg*innen im Team zusammenarbeitet und wie er*sie sich im Team verhält.

Über diese beiden Elemente im professionellen Rollenkontext hinaus steckt jeder Mensch noch in den verschiedensten anderen Rollen, die mit seinen unterschiedlichsten Lebensbereichen verknüpft sind. So stecken bei der einen Kollegin die Rolle der Mutter, Tochter, Freundin, Schülerin etc. mit im persönlichen Rollenhaushalt. Und bei dem Kollegen wird auch einmal die Rolle des Enkels spürbar. Inwieweit diese anderen Rollen manchmal Wirksamkeit entwickeln, obwohl die einzelne Person sich gerade im beruflichen Kontext bewegt, darauf wird im Kapitel 3.4.2 näher eingegangen.

Für eine gute Zusammenarbeit ist jedoch zunächst einmal wichtig, die unterschiedlichen Kompetenzen, die mit der individuellen Rollenausübung verbunden sind, im Team zu erkennen, anzuerkennen und zu nutzen. Nicht jede*r verfolgt zwangsläufig mit den gleichen Mitteln ein vereinbartes Ziel. So braucht es in der Zusammenarbeit zum einen Menschen, die am Ball bleiben, das vereinbarte Ziel im Blick behalten und eine bestimmte Aufgabe zuverlässig verfolgen. Gleichzeitig sind Teammitglieder wichtig, die neue Ideen und Alternativen einbringen und so Impulse zu Veränderungen und Weiterentwicklung geben. Es braucht diejenigen, die verschiedene Aspekte und Möglichkeiten gründlich abwägen und wieder andere, die ihre Teammitglieder motivieren und Entwicklungen so voranbringen.

So hat der britische Psychologe R. M. Belbin (vgl. Lieb 2018) ein Modell zum individuellen Rollenverhalten von Teammitgliedern entwickelt, das im Folgenden kurz beschrieben werden soll.

In diesem Modell unterscheidet Belbin zwischen drei großen Bereichen von Rollen: den handlungsorientierten Rollen, den wissensorientierten Rollen und den kommunikationsorientierten Rollen.

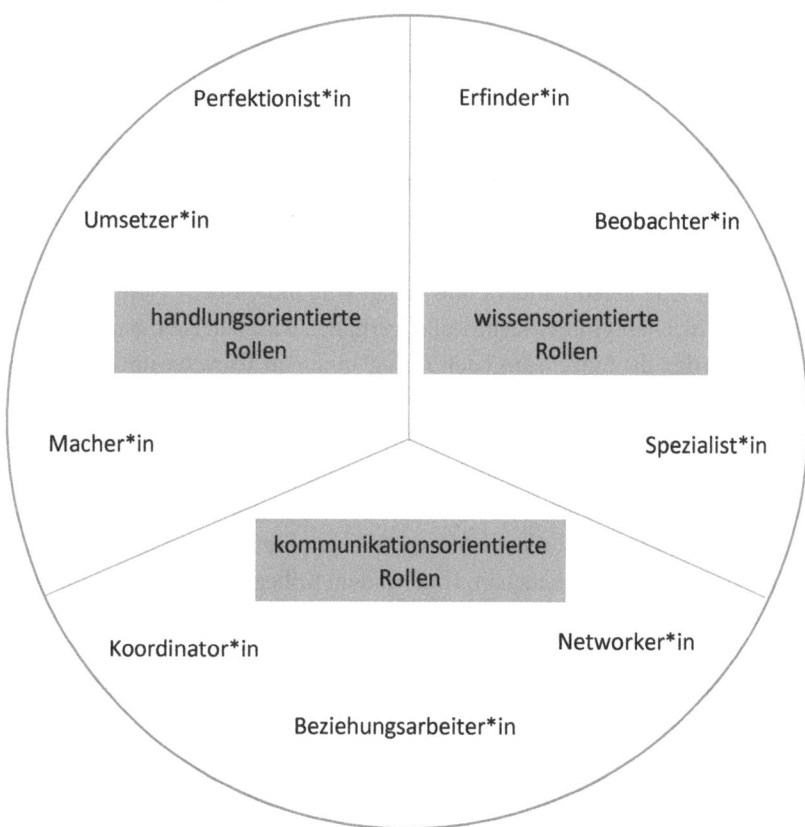

Abb. 17: Rollentypen (in Anlehnung an das Modell von R. M. Belbin, vgl. Lieb 2018, S. 21)

Zu den **handlungsorientierten Rollen** gehört der*die Macher*in, der*die Umsetzer*in und der*die Perfektionist*in. Die hier herausgestellte Eigenschaft der Handlungsorientierung fasst die wesentliche Stärke dieser Rollentypen im Wesentlichen zusammen. Diese Typen finden sich im Tun wieder.

Die Macher*innen übernehmen gerne Verantwortung und können auch gut unter Druck arbeiten. Sie packen die Dinge beherzt und energiegeladen an. Sie sind lösungsorientiert, zielorientiert und können sich gut

auf das Wesentliche fokussieren. Manchmal geht es den Macher*innen jedoch nicht schnell genug, dann reagieren sie zuweilen mit Ungeduld und Druck. Hier liegt die Lern- und Entwicklungsaufgabe für den*die Macherin, im Blick zu behalten, dass nicht immer alle so schnell und voranpreschend wie er*sie sind.
- **Die Umsetzer*innen** setzen ihre ganze Energie in die Umsetzung von Plänen und Ideen. Sie besitzen einen guten Blick für die Unterscheidung von wichtig und unwichtig. Sie können sich und andere gut organisieren, sind verlässlich und präferieren klare Konzepte und feste Strukturen. Ihre Arbeit erledigen sie strukturiert, methodisch und diszipliniert. Sie reagieren eher verhalten und skeptisch auf Veränderungen und können dann recht starr und unflexibel werden. Und genau hier liegt die Lern- und Entwicklungsaufgabe für den*die Umsetzer*in, sich auf Veränderungen und Neuerungen vertrauensvoll einzulassen.
- **Die Perfektionist*innen** gehen mit 100 % Aufmerksamkeit und Energie an eine Aufgabe heran. Sie legen Wert auf die detaillierte und genaue Ausführung. Termine werden eingehalten. Sie brauchen Zeit und wollen die Kontrolle und den Überblick behalten. Sie neigen dazu, alles selbst zu erledigen. Ihre Lern- und Entwicklungsaufgabe besteht darin, Vertrauen zu anderen zu entwickeln, um auch Aufgaben abgeben zu können. Dafür ist es wichtig, zuzulassen, dass der*die andere diese Aufgabe im Rahmen seiner Möglichkeiten und Vorstellungen erledigt. Es gilt anzunehmen, dass anders nicht zwangsläufig schlechter bedeutet, sondern es viele Möglichkeiten und Wege gibt, um ein vereinbartes Ziel zu erreichen.

Ergänzend zu den handlungsorientierten Rollen gibt es dann noch die **wissensorientierten Rollen.** Diesen Rollen liegt gemeinschaftlich zu Grunde, dass die jeweiligen Rollenträger*innen über ein besonderes Wissen verfügen, dass sie unterschiedlich im Teamprozess ein- und anbringen.

- **Die Erfinder*innen** sprühen vor Fantasie und Kreativität. Er*Sie ist spontan und flexibel. So entstehen schnell neue Ideen und alternative Möglichkeiten. Er*Sie achtet hierbei jedoch nicht immer darauf, ob diese Ideen auch umsetzbar bzw. realistisch sind. Details und Nebensächlichkeiten werden häufig übersehen oder ignoriert, was zu vermehrten Flüchtigkeitsfehlern führt. Ihre Gedanken sind oftmals sprunghaft und sie richten ihr Interesse schnell auf anderes. Mit Kritik können sie nur schlecht umgehen. Seine*Ihre Lern- und Entwicklungsaufgabe besteht darin, u. a. zu versuchen, die vielen guten Ideen zu sortieren und auf ihre Anwendbarkeit zu überprüfen und sich in der Ausführung mehr auf die Ausführung zu konzentrieren. Kritik gilt es als Anregung und Bereicherung und nicht als Angriff zu verstehen.

Die Beobachter*innen verschaffen sich aus einem gewissen Abstand heraus erst einmal einen Überblick über die jeweilige Situation. Sie sind eher nüchtern, analytisch und skeptisch. Aus ihrem sehr guten Urteilsvermögen heraus erkennen sie Zusammenhänge und Verknüpfungen. Sie sind eher zurückhaltend und bringen ihre Ansichten und Meinungen häufig nur mit einer Aufforderung ein. Da sie selbst seltener vor Begeisterung sprühen, fällt es ihnen schwerer, andere mitzureißen und für etwas zu begeistern.

Die Lern- und Entwicklungsaufgabe besteht hier darin, wahrzunehmen, wie sehr und in welchen Zusammenhängen die Ansichten und Meinung von der Umgebung gefragt und geschätzt sind und sich so mehr in den Entwicklungsprozess einzubringen.

Die Spezialist*innen zeichnen sich durch ein umfassendes Wissen in einem speziellen Fachgebiet aus. Er*Sie »brennt« für dieses Thema und kann andere mit seiner*ihrer Begeisterung anstecken und mitziehen. In diesem Fachgebiet können sich Kolleg*innen jederzeit Hilfe und Unterstützung bei dem*der Spezialist*in einholen. Manchmal schießt der*die Spezialist*in jedoch über das Ziel hinaus und konzentriert sich so sehr auf sein*ihr Spezialgebiet, dass er*sie sich gerne in Details verliert und wenig Raum und Interesse für anderes hat. Die Lern- und Entwicklungsaufgabe liegt demzufolge darin, zu lernen, dass es auch andere Schwerpunkte und Wichtigkeiten im Zusammen- und Wechselspiel mit den Kolleg*innen gibt.

Und dann gibt es als dritten Bereich noch die **kommunikationsorientierten Rollen**. Bei diesen Rollentypen steht die Fähigkeit zur Kommunikation mit anderen im Vordergrund.

Die Koordinator*innen koordinieren das Zusammenspiel der verschiedensten Personen mit ihren besonderen Stärken und Fähigkeiten im Arbeitsprozess. Er*Sie haben einen guten Blick für das Einhalten von Ziel- und Zeitvorgaben. Diese Rollentypen gelten als entschlusskräftig, kommunikativ und können gut zuhören. Diese Fähigkeiten ermöglichen ihnen, dass sie in der Regel gut und effektiv delegieren können. Manchmal nutzen sie diese Fähigkeit, um insbesondere unliebsame Aufgaben abzugeben und zu verteilen, was den Kolleg*innen nicht immer gefällt. Die Lern- und Entwicklungsaufgabe besteht daher darin, sich gut zu reflektieren, wann was wie delegiert wird und sich auch einmal aus der eigenen Komfortzone zu bewegen, auch wenn die Aufgabe einem selbst nicht so liegt.

Die Beziehungsarbeiter*innen tragen in der Regel sehr positiv zum Teamklima bei. Er*Sie steht in gutem Kontakt mit den verschiedenen Kolleg*innen und kennen deren privaten und persönlichen Hintergründe. Sie sind oftmals ehr sympathisch, diplomatisch und im Team sehr beliebt. Er*Sie neigt jedoch dazu, meist aus dem Wunsch nach Harmonie heraus, Rivalitäten und Konflikte zu vermeiden. Nur ungerne wird sich selbst positioniert und in kritischen Situationen die Entscheidung gerne anderen überlassen. Die Lern- und Entwicklungsaufgabe besteht hierin, den eigenen Standpunkt zu finden und im Team auch mal gegen Widerstände zu vertreten.

Die Networker*innen sind extrovertiert und knüpfen gerne Kontakte mit Stellen außerhalb der Kindertageseinrichtung, die den verschiedensten Vorhaben und Interessen nützlich und dienlich sind. Sie können sich sehr schnell für etwas begeistern und reden dann ganz viel über das Vorhaben, verlieren jedoch auch schnell wieder das Interesse. Ihre Lern- und Entwicklungsaufgabe besteht darin, die Kontakte nicht nur zu knüpfen, sondern das Vorhaben auch weiterzuverfolgen und umzusetzen.

In der Zusammenschau dieser Rollentypen wird in der Praxis schnell deutlich, dass eine Person nur selten auf einen Rollentypen festgelegt ist. Jeder hat zwar in der Regel einen Rollenschwerpunkt, je nach Situation und Aufgabe kann sich dieser jedoch auch verschieben. Ist beispielsweise das Fachgebiet der Spezialist*in gefragt, dann kann er*sie hier ggf. auch zum*zur Macher*in oder Networker*in werden, in einer anderen Situation zieht er*sie sich dann in die Rolle des*der Beobachter*in zurück. Auch im Verlauf eines Lebens oder in bestimmten Teamkonstellationen können sich diese Rollenausübungen unterschiedlich verteilen und verändern.

Für ein Team ist jede Rolle auf ihre Art und Weise wichtig und wertvoll, da sie sich häufig gut ergänzen und gegenseitig befruchten. Und nach Belbin (2018) sollte die Zusammensetzung im Team so vielfältig wie möglich sein, da sich dadurch die Zusammenarbeit effizient gestaltet.

In der Praxis ergänzen sich diese Rollentypen jedoch nicht immer so optimal und effizient. Dadurch kann es dann zu Reibungen und Konflikten kommen. So hat beispielsweise der*die Perfektionist*in oftmals wenig Verständnis, dass der*die Erfinder*in zwar ständig mit neuen und auch kreativen Idee aufwartet, aber es offensichtlich immer wieder an der Umsetzung scheitert bzw. wenn etwas umgesetzt wird, dies oftmals aus Sicht der Perfektionist*innen nur halbherzig und lieblos geschieht. In Kapitel 3.6, Konflikte und Schwierigkeiten bewältigen, finden Sie Ansätze, wie Sie mit den entstehenden Schwierigkeiten umgehen können und möglichst gemeinsam Lösungen finden.

Als Ausgangsbasis kann es jedoch zunächst hilfreich sein, zu analysieren und herauszufinden, wer im Kleinteam welche Rolle innehat und wie die damit verbundenen Stärken im Team ressourcenorientiert nützlich sind. Vieles klärt sich dann schon häufig im Vorfeld. Das Wissen um die Stärken und die damit verbundenen Grenzen des Gegenübers tragen in der Regel zum besseren gegenseitigen Verständnis grundlegend bei.

Hierzu können Sie sich auf Grundlage der neun Rollentypen im Kleinteam folgende Fragen stellen:
- Wo sieht der*die Einzelne sich?
- Welche Stärken sind im Einzelnen damit verbunden?
- In welchen Situationen sieht der*die Einzelne sich in einer bestimmten Rolle?
- Wie sehen das die anderen Teammitglieder? Schätzen diese das genauso ein?
- Welche Rollentypen sind im Team vielleicht mehrfach vertreten?
- Welche Rollentypen sind unterrepräsentiert?
- Wie spiegelt sich dies in der Zusammenarbeit?
- Welche Schlüsse für die weitere Zusammenarbeit sind daraus zu ziehen?

Rollentypen

Sie können sich auch die Rollentypen in Anlehnung an Belbin (vgl. Lieb 2018, S. 21) ausdrucken und sich mit Spielfiguren einmal zuordnen, wer welchen Rollentyp verkörpert. Dies bildet eine gute Grundlage, um über die Rollenverteilung im Kleinteam ins Gespräch zu kommen und so einen verstehenden Zugang für ein stärken- und ressourcenorientiertes Miteinander zu schaffen. Auch hier besteht die Möglichkeit, das ganze räumlicher anzugehen, indem Sie aus Seilen einen Kreis legen und diesen in neun »Kuchenteile« aufteilen. Dann begibt sich jede*r in das »Kuchenstück«, wo er sich vom Rollentyp am ehesten sieht. Aus dieser sich ergebenden Konstellation eröffnen Sie den gemeinsamen Dialog. Interessant wird es in diesem Zusammenhang insbesondere dann, wenn durch das gemeinsame Gespräch deutlich wird, dass die anderen vielleicht einen ganz anderen Eindruck haben, wer welchen Rollentyp bekleidet und ausfüllt.

Ergänzend zu der eher modellhaften Analyse der verschiedenen Rollentypen gibt es auch verschiedene »Team-Metaphern«. Hierbei handelt es sich um Bilder, die im übertragenen Sinne auf ein Team angewendet werden können, um sich der Rollenverteilung bzw. der Wege der Zusammenarbeit bewusst zu werden.

Ein Beispiel bietet hier das Bild eines Fahrrades. Bei einem Fahrrad handelt es sich um ein geschlossenes System, bei dem jedes Teil für sich wichtig ist, damit es fahrtauglich und verkehrssicher ist. So hat jedes Teil eine wichtige Funktion und ist unabkömmlich.

Abb. 18: Das Teamfahrrad

Machen Sie sich als Einstieg daher erst einmal Gedanken darüber, welche Funktionen die einzelnen Teile für Sie haben. Der Lenker steht dann beispielsweise für das »Richtung vorgeben«, die Bremse für »Entschleunigung und kritisches Hinterfragen«, die Pedale für den »Antrieb«, die Räder für das »Vorwärts kommen«, der Gepäckträger für »Lasten zu tragen«, der Scheinwerfer für die Fähigkeit »etwas genauer beleuchten zu können« ... Diese Liste lässt sich beliebig fortsetzen.

Drucken Sie sich dann das Bild des Fahrrads aus und überlegen Sie allein oder gemeinsam mit ihrem Team, wer welche Funktion innehat. Sind alle Funktionen besetzt? Fehlt etwas? Gibt es Mehrfachbesetzungen auf einer Funktion? Wechseln Funktionen je nach Anlass? Gibt es jemandem im Team,

Teamfahrrad

der kein Teil des Fahrrads ist, weil er*sie vielleicht bereits abgestiegen ist oder seinen Platz in diesem System noch nicht so richtig gefunden hat? Was müsste sich ggf. ändern, damit das Zusammenspiel anders bzw. reibungsloser stattfinden kann?

Interessant kann auch sein, dass Sie sich einmal die Frage stellen, um welches Modell es sich bei Ihrem Teamfahrrad eigentlich handelt. Ist es ein Touren-, ein Trekking- oder gar ein Rennrad? Welchen Einfluss hat die Vorstellung dieses Modells auf Ihre konkrete Zusammenarbeit in Ihrem Kleinteam. Wo spiegelt sich dies in Ihrem Arbeitsalltag? Was wird daran sichtbar?

Wenn Sie sich mit der Metapher des Fahrrads nicht identifizieren können, greifen Sie alternativ zu anderen Bildern und Vorstellungen, wie z. B. das Segelboot, eine Musikband, ein Orchester, oder was Ihnen sonst passend und treffend erscheint.

Team-Tisch

Beim digitalen Zusatzmaterial finden Sie noch eine weitere Vorlage: den Team-Tisch[6] mit verschiedenen Stühlen. Hier ist die zentrale Frage, wer sitzt auf welchem Stuhl? Und welche Auswirkung hat dies für die Zusammenarbeit im Kleinteam? Sie können auch weitere Stühle der Vorlage hinzufügen oder eine eigene Zeichnung, ihrer Gruppensituation entsprechend, anfertigen.

3.3.3 Gemeinsame Ziele formulieren und erreichen

Im vorausgegangenen Kapitel lag der Schwerpunkt auf der Rollenverteilung im Kleinteam und den damit verbundenen Chancen und Möglichkeiten für die Zusammenarbeit miteinander und für die Ausgestaltung der gemeinsamen pädagogischen Arbeit.

Nun verfolgen nicht immer alle Mitglieder eines Kleinteams in der pädagogischen Arbeit zwangsläufig dieselben Ziele. Dies wird dann oftmals in der konkreten pädagogischen Arbeit mit den Kindern und Eltern spür- und sichtbar. Als Gruppenleitung gilt es daher immer wieder, diese Ziele gemeinsam mit den Kolleg*innen zu überprüfen, kritisch zu hinterfragen und abzustimmen.

Die Formulierung von Zielen bietet eine Orientierung über das, was in der Arbeit gemeinsam zu bewältigen und erreichen ist. Mit Blick auf ein gemeinsames Ziel lässt sich dann zusammen der Weg dahin mit den einzelnen Zwischenstationen festlegen. Auf diese Art und Weise entsteht für jedes

---

6   In Anlehnung an eine Idee von H. Fallner (2015).

Teammitglied ein sicherer Rahmen und alle können an einem Strang ziehen. Gemeinsame Ziele tragen auch dazu bei, dass die Mitarbeiter*innen des Kleinteams, Kindern, Eltern und anderen Kolleg*innen gegenüber, als Einheit auftreten. Dies wirkt sich wiederum positiv auf die Zusammenarbeit mit Kindern und Eltern aus.

Kommt ein Kleinteam neu zusammen sollte hier eine Zielbestimmung am Anfang stehen. Diese Zielbestimmung findet dabei immer im Rahmen der bestehenden Gesetze, der Konzeption und der damit verbundenen Zielvereinbarungen der Gesamteinrichtung statt. Da die pädagogische Arbeit immer wieder Neuerungen und Veränderungen unterliegt, müssen die vereinbarten Ziele auch in einem langjährig bestehenden Team regelmäßig evaluiert und angepasst werden.

Der Gruppenleitung kommt hier also zum einen die Aufgabe zu, gemeinsam mit ihrem Kleinteam Ziele möglichst konkret für die eigene Gruppe zu formulieren, für deren Umsetzung Sorge zu tragen und die Ziele ggf. zu überprüfen, weiterzuentwickeln und zu verändern.

Um dies zu erreichen, ist es sinnvoll, sich zunächst gemeinsam zu fragen:
- Was wollen Sie als Kleinteam in der Arbeit mit den Kindern, Eltern und im Kleinteam erreichen?
- Passen diese Ziele in den gesetzlich vorgegebenen Rahmen?
- Ist dies vereinbar mit den konzeptionell verankerten Zielen?

Daran schließt sich an, herauszufinden, wie diese Ziele im Einzelnen umzusetzen und zu erreichen sind:
- Welche Schritte führen uns ans Ziel?
- Was müssen wir im Einzelnen dafür tun?
- Auf welche Ressourcen und Fähigkeiten können wir hierfür zurückgreifen?

Bereits in Kapitel 3.1.4 ist zur Formulierung von Zielen die S.M.A.R.T.-Methode benannt und beschrieben worden. Diese Grundsätze sollten Sie bei der gemeinsamen Formulierung von Zielen im Kleinteam gleichermaßen berücksichtigen. So sind Ziele immer dann konkret und nachvollziehbar, wenn sie spezifisch, messbar, attraktiv, realistisch und terminiert sind.

Eine methodische Unterstützung, diesen Prozess zu verfolgen, bietet die im Folgenden beschriebene Timeline-Methode.[7]

---

7 In Anlehnung an Kindl-Beilfuß (2018): Fragen können wie Küsse schmecken. Systemische Fragetechniken für Anfänger und Fortgeschrittene. Heidelberg: Carl Auer.

Die Timeline – Ziele formulieren und erreichen

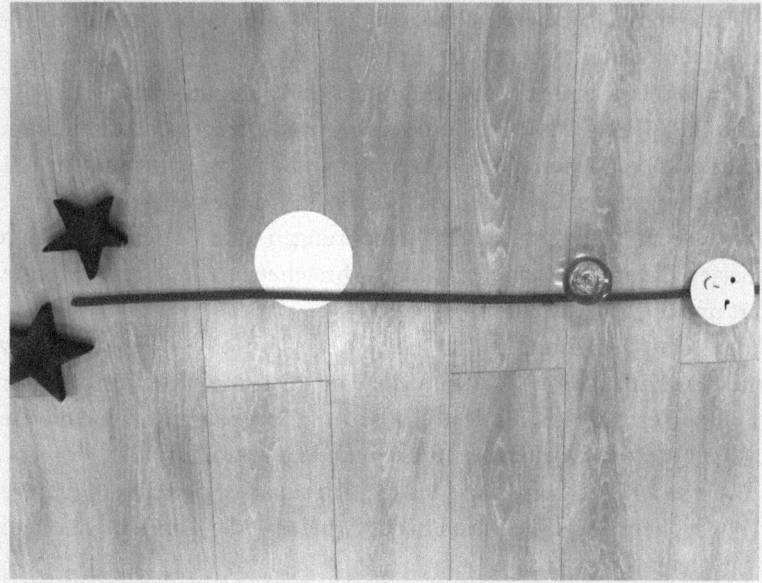

Abb. 19: Timeline

Legen Sie ein Seil (ca. 3 m) auf dem Boden aus. Beginnen Sie von links nach rechts. Markieren Sie ca. bei 50 cm mit einem Kreis (Moderationskarten) den heutigen Zeitpunkt, legen Sie links davon zwei bis drei Sterne (Papier oder Holz) aus, markieren Sie dann ungefähr bei 2,50 m mit einer Glaskugel die Zukunft (Zeitpunkt, das Ziel zu erreichen) und schließlich nehmen Sie noch ein Zwinker-Smiley-Symbol, das Sie ganz nach rechts ans Ende des Seils legen. Orientieren Sie sich hierbei an Abb. 19.

Und dann gehen Sie gemeinsam mit Ihren Teammitgliedern wie folgt vor:

1. Stellen Sie sich an den Ausgangspunkt »Heutiger Zeitpunkt« und formulieren Sie, wie heute Ihre Arbeit aussieht und sich im Einzelnen gestaltet. Was tun Sie? Wie tun Sie das? Warum tun Sie das?
2. Nun formulieren Sie – mit Blick auf die Glaskugel – Ihr Ziel, das es zu erreichen gilt. Gehen Sie dann an die Position der Glaskugel, um möglichst genau zu beschreiben, wie Ihr Ziel aussieht und wie es sich anfühlt, am Ziel angekommen zu sein. Hierzu sollten Sie die Kriterien der S.M.A.R.T.-Methode hinzuziehen.

3. Gehen Sie zurück zum Gegenwartspunkt und halten Sie nun eine kurze Rückschau auf die ausgelegten Sterne. Diese symbolisieren die positiven Erfahrungen, die Stärken des Teams bzw. einzelner Teammitglieder und besonders hilfreiche Ressourcen, die Ihr Kleinteam bietet. Was bringen Sie gemeinsam mit, was für die Umsetzung der Ziele hilfreich sein könnte? Was haben Sie in der Vergangenheit gemeinsam erreicht? Was hat Ihnen dabei geholfen? Was begünstigt einen guten Start für die Zielerreichung?
4. Konzentrieren Sie sich gemeinsam wieder auf die Gegenwart und richten Sie Ihren Blick auf das zuvor gemeinsam formulierte Ziel. Bewahren Sie ihre gemeinsamen Stärken, Erfahrungen und Ressourcen im Hinterkopf. Erinnern Sie sich auf dem Weg zur Zielerreichung immer wieder daran, und greifen Sie nach Bedarf darauf zurück.
5. Wenden Sie sich nun dem Zwinker-Smiley zu. Das ist der fiktive Zeitpunkt nach dem Eintreten der Zielerreichung. Sie können nun lächelnd zurückschauen und wissen bereits, was dazu geführt hat, die formulierten Ziele zu erreichen. Formulieren Sie die Punkte, die Ihnen geholfen haben, gemeinsam das Ziel zu erreichen.
6. Dann bewegen Sie sich wieder an den Gegenwartspunkt und leiten aus diesem Gedankenspiel nun ihren ersten Schritt und die erforderlichen Folgeschritte ab. Besprechen und verteilen Sie anschließend die sich daraus ergebenden Aufgaben und Zuständigkeiten.

3.4 Die Kommunikation im Team

Überall wo Menschen zusammenkommen, findet Kommunikation statt. Im Kontext einer Kindertagesstätte sind das insbesondere Kinder, Eltern und Kolleg*innen, die auf die unterschiedlichsten Arten verbal und nonverbal miteinander kommunizieren.

Egal ob im täglichen Miteinander, im Feedback oder in Konfliktsituationen, eine gelingende Kommunikation zwischen den Teamkolleg*innen wirkt sich unweigerlich positiv auf den Umgang mit den Kindern und die Gesamtatmosphäre im Kita-Alltag aus.

Die Gestaltung einer konstruktiven und angenehmen Kommunikationskultur ist daher ein wichtiger Bestandteil des menschlichen Zusammenlebens, der aus dem beruflichen Alltag nicht wegzudenken ist.

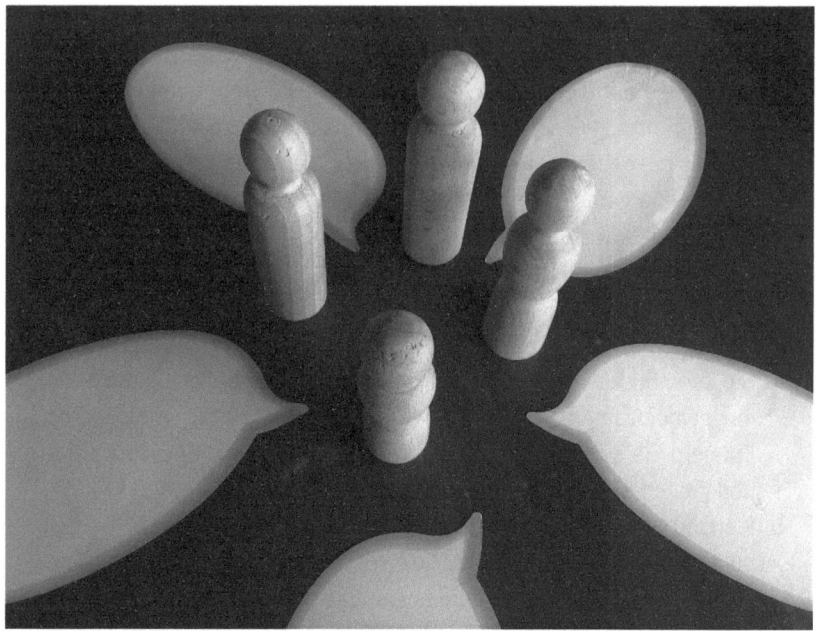
Abb. 20: Kommunikation im Team

Das gilt auch für die Zusammenarbeit im Kleinteam, wo so jede*r am Kommunikationsprozess Beteiligte dies je nach Verhalten und Herangehensweise positiv anregen und beeinflussen oder aber auch blockieren kann. Der Gruppenleitung kommt hier eine wesentliche Rolle und Aufgabe zu, diese Kommunikation möglichst wertschätzend und förderlich zu gestalten, um so eine gute Kommunikationskultur zu ermöglichen. Daher ist für diese Position ein umfangreiches Wissen über diverse Kommunikationsmodelle, Kommunikationszusammenhänge und Kommunikationsstile durchaus sehr hilfreich, um auf dieser Grundlage die Kommunikation im Kleinteam konstruktiv gestalten zu können. Dieses Grundwissen bietet dann wiederum eine solide Grundlage, um die Kommunikationskultur im eigenen Kleinteam zu analysieren, reflektieren und nach Bedarf konstruktiv weiterzuentwickeln.

3.4.1 Ursachen von Missverständnissen lokalisieren

Die Ursache für viele Missverständnisse in der Kommunikation ist die Tatsache, dass jede*r Einzelne seine*ihre ganz persönliche Sichtweise und sein*ihr eigenes Verständnis von der Welt hat.

So sprechen zwei Personen beispielsweise darüber, dass es ihnen sehr wichtig ist, dass das Kind sich selbsttätig die Welt erobert und möglichst viele Entscheidungen selbst treffen kann. Beim Mittagessen kommt es später zu einer Situation, in der die eine Kollegin darauf besteht, dass das Kind auf jeden Fall ein Probierhäppchen isst. Die andere Kollegin ist der Überzeugung, dass dies nicht mit den vorausgegangenen Absprachen vereinbar ist.

Vermutlich kennen Sie viele solcher Situationen, bei denen Sie ursprünglich etwas mit Ihren Kolleg*innen besprochen haben und die Umsetzung dann entgegen Ihrer Vorstellungen läuft.

Einen Erklärungsansatz finden Sie dafür im Ansatz des Konstruktivismus, dessen Grundannahme darin besteht, dass jeder Mensch nicht auf die Reize der objektiven Welt reagiert, sondern aufgrund seiner persönlichen Prägung und seiner individuellen Erlebnisse sein ganz eigenes und subjektives Bild von der Welt konstruiert.

Eine Übung zur Verdeutlichung:

Bitten Sie Ihre Kolleg*innen, sich einen Baum vorzustellen. Dann soll jede*r die Sorte des Baumes benennen und ihn kurz beschreiben. Sie werden feststellen, dass fast jede*r einen anderen Baum benennt und beschreibt.

Wenn Sie diese vermeintlich einfache Vorstellung nun auf die komplexen Begrifflichkeiten innerhalb der pädagogischen Arbeit übertragen, merken Sie schnell, dass Unterschiedlichkeiten im Verständnis und der Umsetzung daher fast unumgänglich sind. Verlieren Sie sich also nicht in Vorwürfen, sondern versuchen Sie Ihre unterschiedlichen Blickwinkel so genau wie möglich zu beschreiben und sich möglichst nah in Ihren Sichtweisen anzunähern.

Zur weiteren Verdeutlichung kann hierbei auch das sogenannte Eisbergmodell[8] beitragen. Dieses Modell besagt, dass in der Kommunikation zwischen zwei Menschen nur ein kleiner Teil als gesprochene Botschaft direkt wahrnehmbar ist. Dieser Teil macht ca. 20 % aus und enthält zum einen Sachinformationen, wie z. B. Zahlen, Daten und Fakten. In diesen 20 % steckt neben diesem verbalen auch ein nonverbaler sichtbarer Teil, der sich in Form von Mimik, Gestik und Tonfall ausdrückt. Die anderen 80 % sind

---

8   Nach Ruch & Zimbardo (1974), weiterentwickelt u. a. von Schulz v. Thun.

Abb. 21: Eisbergmodell

von den individuelle Erfahrungen und Erlebnissen, den verinnerlichten Wertevorstellungen, den persönlichen Gefühlen und den aktuellen Stimmungen bestimmt. Diese oftmals unbewusste, nicht auf Anhieb sichtbare Ebene nimmt jedoch großen Einfluss auf den sicht- und hörbaren Teil der Kommunikation.

Dabei ist es durchaus wichtig, daran zu denken, dass sich schließlich immer zwei Eisberge gegenüberstehen und der eine das Sagen und Tun des anderen (dessen sichtbaren Teil oberhalb der Wasseroberfläche) immer aus der der eigenen Prägung und Sozialisierung (dem verborgenen Teil unterhalb der Wasseroberfläche) heraus betrachten und bewerten wird.

In der Zusammenarbeit im Kleinteam kann es durchaus sehr sinnvoll sein, dass das Eisbergmodell allen beteiligten Personen bekannt und vertraut ist. Sind sich alle des hohen Einflusses der verborgenen Ebene bewusst, so können viele Missverständnisse und Konflikte in der Kommunikation oftmals verringert werden.

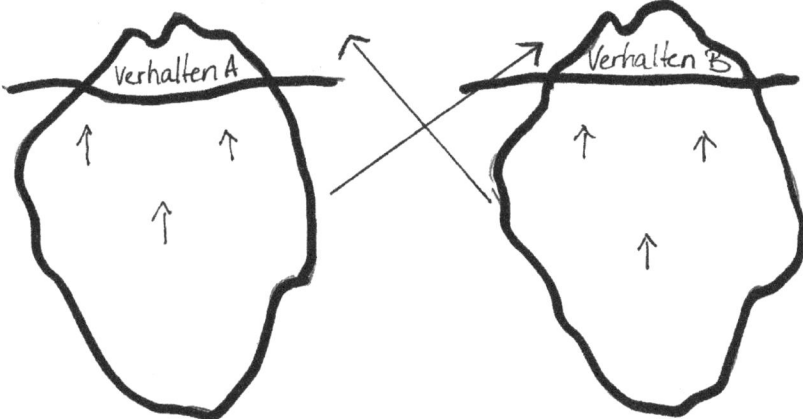

Abb. 22: Zwei Eisberge

Wie Sie konkret mit dem Aufeinandertreffen von gegensätzlichen Werten umgehen können, erfahren Sie im Kapitel 3.6.4, wo das Werte- und Entwicklungsquadrat von Schulz von Thun näher beschrieben wird.

Ein weiteres sehr hilfreiches und recht bekanntes Kommunikationsmodell, um das grundsätzlich alle Teammitglieder Bescheid wissen sollten, ist das sogenannte Kommunikationsquadrat[9] nach Schulz von Thun, auch als 4-Ohren-Modell (vgl. Haller 2005, Karte 3.1) bekannt.

In diesem Modell beschreibt er die vier Seiten einer Botschaft. Zu nennen sind hier: die Sachebene, die Beziehungsebene, die Appellebene und die Selbstoffenbarungsebene. Auf der einen Seite ist der Sender, also derjenige der eine Nachricht bzw. Information ausspricht, und auf der anderen Seite der Empfänger, derjenige der diese hört und aufnimmt.

In den alltäglichen Dialogen zwischen Teammitgliedern kommt es häufig zwischen Sender und Empfänger zu Missverständnissen, da es auf Seiten des Senders vier Möglichkeiten gibt, aus welchem Hintergrund heraus er seine Botschaft ausspricht. Gleichzeitig hat der Empfänger seinerseits auch vier Möglichkeiten, auf welche Art und Weise er diese Nachricht versteht. Das bedeutet, dass der Sender oftmals seine Botschaft mit einer ganz anderen Intention ausspricht als sie schließlich beim Empfänger ankommt.

---

9   Schulz von Thun: Das Kommunikationsquadtrat. Verfügbar unter: https://www.schulz-von-thun.de/die-modelle/das-kommunikationsquadrat, Zugriff: 11.01.2018.

3.4.2 Ich-Zustände und Rollen in der Kommunikation erkennen

Neben den verschiedenen Kommunikationsebenen (s. Kapitel 3.4.1) spielen in der Teamkommunikation wie auch in allen anderen Lebensbereichen, wo Kommunikation stattfindet, noch ganz andere Mechanismen eine Rolle. Einen Schlüssel zum besseren Verstehen menschlicher Kommunikation liefert beispielsweise das Model der Transaktionsanalyse nach Eric Berne (2001). Dieses Modell beruht auf der Beobachtung, dass es in der Kommunikation Beziehungsmuster gibt, die zueinander passen und solche, die zu Kommunikationsstörungen führen.

Der Kern des Transaktionsmodells beschreibt drei verschiedene »Ich-Zustände«, die für die Teamkommunikation relevant werden können. Innerhalb einer Kommunikation kommt es bei dem Einzelnen oftmals zu einem Wechsel zwischen diesen Ich-Zuständen. Dies wird dann oftmals hör- und sichtbar anhand der spezifischen Wortwahl, dem Tonfall und auch dem Inhalt, was gesagt wird. Begleitet wird dies durch Mimik, Gestik und Körpersprache.

Nach Berne werden drei Ich-Zustände voneinander unterschieden:
- Eltern-Ich – demzufolge ist jeder von seinen Eltern geprägt und trägt einen Teil der verinnerlichten Haltungen und Grundsätze in sich. In der Kommunikation äußert sich das dann beispielsweise in der Form, dass jemand den Gesprächspartner bevormundet, ihm sagt, was er tun und lassen soll, dessen Verhalten missbilligt, ihn umsorgt und bemuttert usw.
- Erwachsenen-Ich – wer aus dem Erwachsenen-Ich heraus handelt, sieht Situationen weitestgehend sachlich und objektiv. Derjenige*Diejenige, der*die im Erwachsenen-Ich-Zustand kommuniziert, behandelt den Gesprächspartner gleichwertig, respektvoll und ist sachlich-konstruktiv.
- Kind-Ich – Neben den Eltern trägt jede*r auch immer ein Stück von dem Kind in sich, das er*sie einmal war. In manchen Situationen reagiert dann der*die Erwachsene uneinsichtig, trotzig, albern oder unsicher. Genauso können weitere kindliche Kompetenzen und Eigenschaften, wie z.B. Phantasie, Neugier und Lerneifer, zum Vorschein kommen.

Diese Ich-Zustände wirken in der Regel meist im Unbewussten. Die Verhaltensmuster zeigen sich in der Kommunikation nicht immer offensichtlich, sondern laufen eher recht versteckt ab.

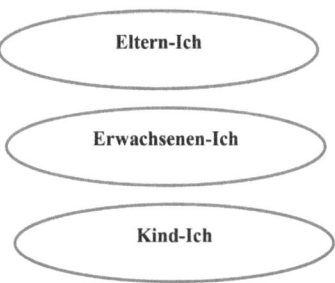

Abb. 23: Ich-Zustände

Im Kleingruppenteam kann es beispielsweise passieren, dass eine ältere Kollegin unbewusst einer jüngeren Kollegin aus Fürsorge heraus auf der Eltern-Ich-Ebene begegnet. Die jüngere Kollegin sich dadurch wiederum sehr bevormundet fühlt und daraufhin im Kinder-Ich reagiert und antwortet. Das Ziel besteht in solchen und ähnlichen Situationen darin, sich dieser Kommunikationsebenen bewusst zu werden und in einem Klärungsprozess das Erwachsenen-Ich auf beiden Seiten zu entwickeln.

In der Rolle der Gruppenleitung kann die Auseinandersetzung mit den verschiedenen Kombinationsmöglichkeiten der verschiedenen Ich-Zustände und die damit verbundenen Auswirkungen zum besseren Verständnis beitragen, was in der Kommunikation im Einzelnen gerade schief läuft. Da diese Ich-Zustände innerhalb der Kommunikation eher automatisch, ohne darüber nachzudenken, eingenommen werden, ist es hilfreich, sich den jeweiligen Zustand aus der Situation heraus bewusst zu machen. Grundsätzlich ist es nämlich jedem möglich, den aktuellen Ich-Zustand zu verlassen und zu verändern. Dies bedarf natürlich zum einen der Wahrnehmung des Zustandes und zum anderen der regelmäßigen Selbstreflexion.

Schauen Sie also einmal genauer hin und antworten Sie Ihrem*Ihrer Kolleg*in im Erwachsenen-Ich, auch wenn diese sich gerade im Eltern- oder Kinder-Ich befindet. Übertreiben Sie es aber auch nicht.

Die Automatisierung gewisser Abläufe dient andererseits auch dazu, zu verhindern, dass der*die Einzelne im kommunikativen Miteinander vor lauter Nachdenken kaum noch zum Reden oder Handeln kommt. Die Transaktionsanalyse ist immer dann sinnvoll und hilfreich, wenn es zu dauerhaften Konflikten in der Kommunikation kommt und mit ihrer Hilfe der Ausweg aus dem Dilemma gefunden werden könnte. Bei genauerer Betrachtung kann es in der Kommunikation zu verschiedenen Transaktionsarten kommen: Da gibt es zum einen die sogenannten komplementären Transaktionen (vgl. Abb. 24). Hier begegnen sich zwei Gesprächspartner*innen auf der gleichen Ich-Ebene oder auch auf sich ergänzenden Ich-Ebenen.

Die Gruppenleitung teilt beispielsweise dem Kollegen den Termin für ein Elterngespräch auf der Erwachsenen-Ebene mit. Der Kollege antwortet auf der Erwachsenen-Ebene: »Danke, das werde ich mir sofort notieren!« Ähnlich komplementär kann sich die Kommunikation auch gestalten, wenn beispielsweise ein*e Kolleg*in den*die andere*n beispielsweise von der Eltern-Ich-Ebene aus anspricht und der*diejenige im Kinder-Ich antwortet. Dies funktioniert in der Regel störungsfrei, solange beide Seiten mit dieser Kommunikationsebene zufrieden sind.

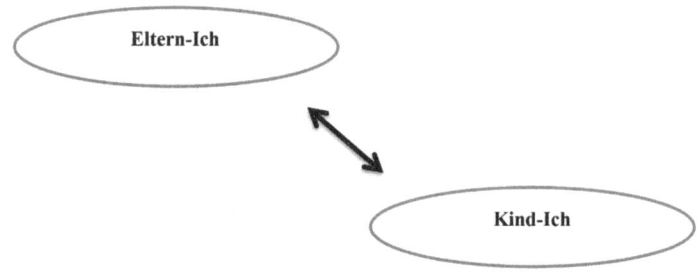

Abb. 24: Komplementäre Transaktionen

Anders gestaltet sich dies bei den sogenannten gekreuzten Transaktionen (vgl. Abb. 25). Überkreuzte Transaktionen finden immer dann statt, wenn jemand einer Ich-Position eine andere Ich-Position anspricht, der andere aber anders reagiert, in dem er aus einer anderen Ebene heraus antwortet.

Wenn die Gruppenleitung eine*n Kolleg*in aus dem Eltern-Ich im Kinder-Ich anspricht und fragt: »Was hast du dir eigentlich dabei gedacht, Sven einfach nach draußen zu schicken?« und der*die antwortet selbst aus dem Eltern-Ich heraus und spricht damit das Kind-Ich des Gegenübers an: »Was fällt dir ein, mich so zu hinterfragen?« Oder aber der*die eine Kolleg*in fragt aus dem Erwachsenen-Ich: »Wollen wir dieses Jahr einen Ausflug mit den Kindern zur Bücherei machen?« und erwartet eine Antwort auf der Erwachsenen-Ebene. Der*die Kolleg*in reagiert jedoch im Kind-Ich: »Immer willst Du entscheiden, wohin der Ausflug geht.«

In diesen Beispielen wird die Kommunikation dadurch unterbrochen, dass die angesprochene Person nicht wie erwartet reagiert, sondern in einen anderen Ich-Zustand wechselt. Der führt dann in der Regel zu heftigen Irritationen und Auseinandersetzungen.

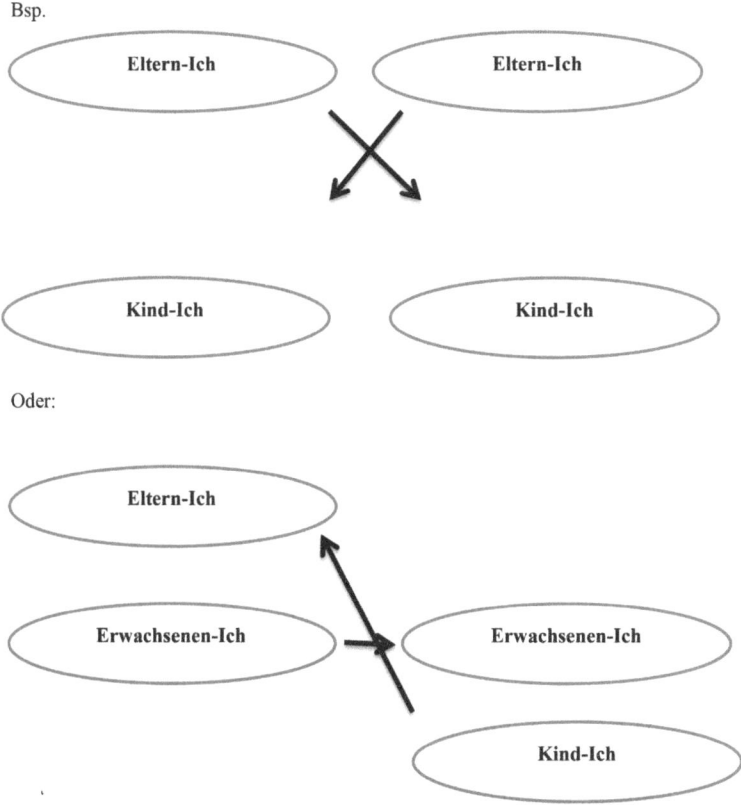

Abb. 25: Gekreuzte Transaktionen

In sehr vielen Gesprächen finden vor allem aber sogenannte »verdeckte Transaktionen« (vgl. Abb. 26) statt. Hier sind meist mehrere Ich-Zustände beteiligt. Zwei davon sind »offen«, die anderen wirken verdeckt. So macht die eine Kollegin den Kollegen beim Mittagessen darauf aufmerksam: »Das ist der zweite Nachschlag, den du Tine gibst.« Zunächst eine Aussage des Erwachsenen-Ichs an das Erwachsenen-Ich des anderen. Der Unterton weißt aber auf das Eltern-Ich hin, das das Kind-Ich des anderen ermahnt, Tine nicht zu viel zu essen zu geben. Daraufhin antwortet das Gegenüber trot-

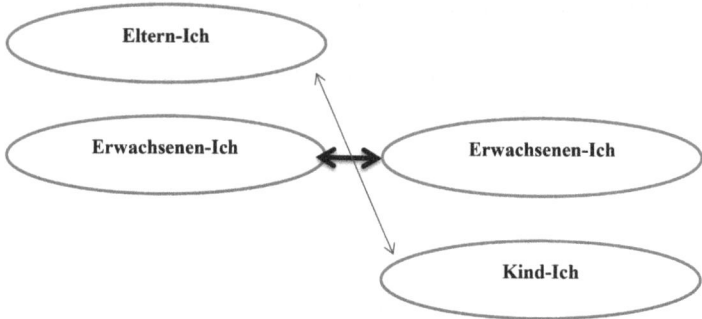

Abb. 26: Verdeckte Transaktionen

zig: »Da vertust du dich.« Hier antwortet scheinbar das Erwachsenen-Ich, der unterschwellig trotzige Tonfall macht jedoch deutlich, dass die Person im Kind-Ich antwortet.

Zur Enttarnung solcher verdeckter Transaktionen ist es grundlegend, auf Körpersprache, Gestik, Mimik, Tonfall und ähnliches zu achten. Hier zeigen sich die verdeckten Ich-Ebenen.

Im Rahmen der verdeckten Transaktionen spielen vor allem auch Vorerfahrungen der Gesprächspartner*innen miteinander eine große Rolle. Wer mit einem Gegenüber arbeitet, das dazu neigt, auch das erwachsene Gegenüber ständig zu erziehen, wird dessen Äußerungen sehr viel empfindlicher deuten, als jemand, der die ganze Situation aus einer Distanz als Außenstehender betrachten kann.

Diese verdeckten Transaktionen führen oftmals zu schwelenden Konflikten, die es möglichst frühzeitig zu erkennen und aufzulösen gilt. Maßstab für die Notwendigkeit zum Handeln ist, wenn mindestens eine Person mit der Situation unzufrieden ist.

Ergänzend zur Transaktionsanalyse sollte immer auch das eigene Rollenrepertoire berücksichtigt werden. Es handelt sich hierbei um Erfahrungen, die mit diesen Rollen verknüpft sind und die daher die vorher beschriebenen Transaktionen wesentlich beeinflussen können.

So bekleidet jeder Mensch beispielsweise diverse Berufsrollen, die an die Berufsgruppen, wie z. B. Erzieher*in, Heilpädagog*in, Kinderpfleger*in etc., gebunden sind. Ein*e Erzieher*in schätzt das Verhalten eines Kindes beispielsweise anders ein als ein*e Heilpädagog*in. Hinzukommen Rollenerfahrungen und -erwartungen, die mit den bestimmten Positionen, wie z. B. Leitung, Gruppenleitung, Fachkraft etc., verbunden sind. In Kapitel 3.3.2 wurden darüber hinaus bereits bestimmte Rollentypen beschrieben, die im Team vertreten sind und wesentlich zum Funktionieren der Teamarbeit beitragen.

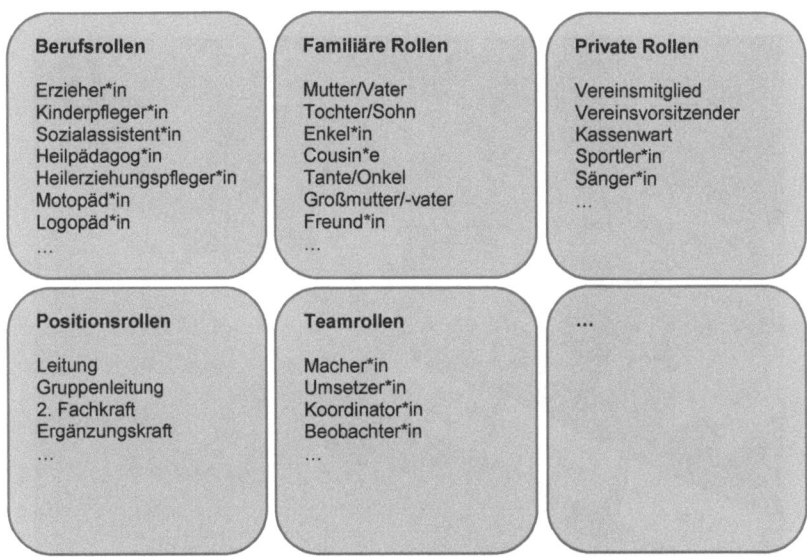

Abb. 27: Rollenübersicht

Und dann befinden sich noch viele andere Rollen in dem ganz individuellen Rollen-»Gepäck«, die jeder Mensch im Laufe seines Lebens erworben und bekleidet hat. So ist jeder Mensch Sohn oder Tochter, Enkel*in, Schüler*in, Freund*in. Manche sind Mutter oder Vater, Großmutter oder Großvater, Ehefrau oder Ehemann ... Die Liste ist beliebig fortzusetzen und individuell zu ergänzen. Jede Rolle, unabhängig ob aus früherer Zeit oder der Gegenwart, bleibt im Erfahrungsschatz des*der Einzelnen. Sie sind ständige Begleiter und werden je nach Situation unterschiedlich stark aktiv und relevant. So kann es in den unterschiedlichsten Gesprächssituationen und -konstellationen vorkommen, dass der*die jüngere Kolleg*in sich in der Position der Gruppenleitung scheut, dem*der 50-jährigen Teamkolleg*in zu sagen, was zu tun ist, weil er*sie diesem*dieser nicht in der Rolle der Gruppenleitung begegnet, sondern sich in der Tochter-*Sohnrolle wiederfindet. Oder es stehen sich auf einmal die beiden Freund*innenrollen gegenüber, wo der*die eine Sorge hat, die Freundschaft zu gefährden, wenn er*sie dem*der anderen sagt, was er*sie an der pädagogischen Arbeit des anderen nicht gut findet.

Impuls zu Selbstreflexion

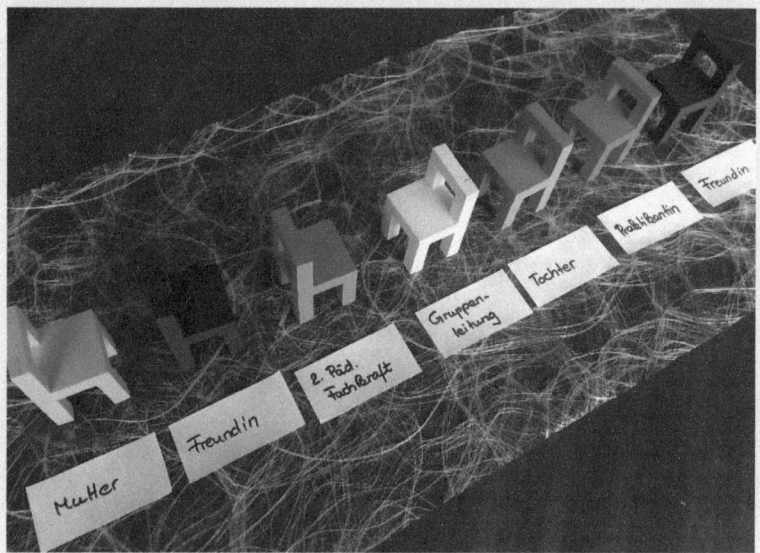

Abb. 28: Rollenstühle

Stellen Sie sich vor, Sie sitzen in einer bestimmten Gesprächssituation Ihrem*Ihrer Kolleg*in gegenüber. Sprechen Sie in diesem Augenblick tatsächlich aus der Rolle der Gruppenleitung mit Ihrem Gegenüber oder springt gerade eine Ihrer anderen Rollen nach vorne und übernimmt die Gesprächsführung? Wie reagiert Ihr*e Kolleg*in? In welcher Rolle sitzt er*sie Ihnen gegenüber? Inwieweit beeinflusst dies Ihre Kommunikation? Was müssten Sie verändern, um Ihr Gesprächsziel zu erreichen?

Wie bei so vielem ist auch hier der erste Schritt, mit Blick auf die Transaktionsanalyse und dem eigenen Rollenrepertoire, das eigene Verhalten und das der anderen genauer zu betrachten.

Im Sinne der Transaktionsanalyse können hierbei folgende Fragen behilflich sein:

- Können Sie in verschiedenen Situationen bei sich selbst die verschiedenen Ich-Zustände erkennen?
- Ist Ihnen ein Ich-Zustand vielleicht besonders vertraut bei sich selbst?
- Aus welchem Ich-Zustand handeln Sie in welchen Situationen?
- Wie können Sie sich in einer Kommunikationssituation hin und wieder darüber bewusst werden, aus welchem Ich-Zustand heraus Sie gerade sprechen und handeln?

Zur Verdeutlichung des eigenen Rollenrepertoires und der möglichen Auswirkung dienen wiederum diese Fragen und Anregungen:
- Fertigen Sie eine Liste an, auf der Sie Ihre unterschiedlichen Berufs- und Lebensrollen auflisten. Ordnen Sie diese Rollen verschiedenen Lebensabschnitten: Kindheit, Schule, Jugendalter, Ausbildung etc. zu.
- Können Sie in verschiedenen Situationen bei sich selbst verschiedene Rollen in ihrer Wirksamkeit entdecken, die mit der eigentlichen Situation gerade nichts zu tun haben?
- Ist Ihnen dabei vielleicht eine immer wiederkehrende Rolle besonders vertraut? Woher kommt das?
- Wie können Sie sich in einer Kommunikationssituation hin und wieder darüber bewusst werden, aus welcher Rolle heraus Sie gerade sprechen und handeln?

Treten Sie als Gruppenleitung hin und wieder einmal einen Schritt neben sich und reflektieren Sie die eine oder andere Kommunikationssituation unter Einbeziehung der Ich-Zustände und des persönlichen Rollenrepertoires. Dies trägt dazu bei, dass Sie eingefahrene Kommunikationsmuster zwischen Ihnen und Ihren Teamkolleg*innen oder zwischen den Teamkolleg*innen untereinander erkennen, ansprechen und ggf. auflösen können.

3.4.3 Kommunikationsstile erkennen

Im Umgang mit den verschiedenen Teammitgliedern kann des Weiteren ein Grundwissen über verschiedene Kommunikationsstile hilfreich sein, um das eigene Kommunikationsverhalten zu erkennen und mit dem des Gegenübers besser umgehen zu können.

Auch hier hat Schulz von Thun ein Modell entwickelt, in dem er acht idealtypische Kommunikationsstile beschreibt, die sich bei jedem Menschen in unterschiedlicher Ausprägung zu einem persönlichen Kommunikationsstil verbinden. Welche Tendenz in den Vordergrund tritt, ist immer auch vom Kontext der Kommunikationssituation abhängig. Daher spielen hier immer auch die Vorgeschichte, der an der Kommunikation beteiligten Personen, deren Verhältnis zueinander und das Ziel der Kommunikation eine wesentliche Rolle. Zum anderen hat die Persönlichkeit des Einzelnen mit ihren ganz persönlichen Erfahrungen einen großen Einfluss auf den bevorzugten Kommunikationsstil.

Schulz von Thun (2010, S. 65–292) unterscheidet hierbei folgende Kommunikationsstile:
- Ein*e **bedürftig-abhängige*r Kommunikationspartner*in** möchte Hilfe und Unterstützung von anderen bekommen. Dafür gibt er*sie sich selbst schwach und hilfsbedürftig und gibt gleichzeitig seinem Gegenüber das Gefühl, dass dieser stark und kompetent ist. Diese Person sucht häufig die Nähe zu den eher helfenden oder sich distanzierenden Stilen. Im Kontakt zu helfenden Kommunikationspartner*innen scheinen sich Schützling und Helfer gut zu ergänzen, was aber häufig dazu führt, dass die bedürftig-abhängige Person sich zunehmend schwächer und hilfloser fühlt. Im Kontakt zum*zur sich distanzierenden Kommunikationspartner*in steht der*die Bedürftig-Abhängige zunehmend allein da und versucht verstärkt, sich die Hilfe und Unterstützung zu erbetteln. Die Stärke dieses Kommunikationsstils besteht darin, sich grundsätzlich Hilfe zu erbitten und diese auch annehmen zu können. Des Weiteren kann das »Jammern« auch zur seelischen Entlastung beitragen. Die Lern- und Entwicklungsaufgabe besteht darin, Autonomie zu erlangen und Selbstverantwortung zu übernehmen. Dazu gehört die Erfahrung, dass er*sie Prozesse aktiv selbst gestalten kann.
- Der*Die **helfende Kommunikationspartner*in** wirkt nach außen stark und sehr belastbar. Diese Person bietet gerne ihre Hilfe an und lenkt so oftmals von den eigenen Schwächen ab, mit denen sie sich nur ungerne selbst konfrontiert. Dieser Kommunikationsstil ist häufig in den »helfenden« und »sozialen« Berufen anzutreffen, dort kann diese Person ihre fürsorglichen Anteile ausleben. Gleichzeitig läuft dieser Kommunikationstyp Gefahr, den Hilfsbedürftigen in der Abhängigkeit zu belassen, um weiterhin gebraucht zu werden. Seine Stärke besteht darin, dass er in der Lage ist, eigenständig Verantwortung für sich und andere zu übernehmen. Da

er jedoch dazu neigt, die eigenen Schwächen und Bedürftigkeit zu leugnen, besteht seine Lern- und Entwicklungsaufgabe darin, eigene Schwächen wahrzunehmen, mitzuteilen und ggf. um Hilfe zu bitten. Anderen gegenüber muss dieser Kommunikationstyp lernen, seinem Gegenüber mehr zuzutrauen und sich selbst zurückzunehmen.
- Die **selbstlose Kommunikationspersönlichkeit** präsentiert sich selbst als wertlos und unbedeutend. Sie definiert sich über den Einsatz für andere. Aus Sorge vor Ablehnung tut der*die Selbstlose nur das, was andere von ihm*ihr erwarten. Er*Sie hat keine eigene Meinung und übernimmt Aufgaben und Lasten anderer. Dieser Kommunikationsstil sucht gerne ein Gegenüber, das es genießt, idealisiert und im eigenen Ego bestärkt zu werden. Die Kernkompetenz besteht in der Fähigkeit, sich anderen Menschen hinzugeben und für sie da zu sein. Seine Lern- und Entwicklungsaufgabe besteht darin, sich in Selbstbehauptung und Selbstachtung zu üben. Dazu gehört, sich selbst als Person mit eigenen Bedürfnissen wahr- und ernst zu nehmen und anderen gegenüber abzugrenzen und »Nein sagen« zu lernen.
- Personen mit einem **aggressiv-entwertenden Stil** stellen sich grundsätzlich über den anderen, indem sie sich auf dessen Fehler und Schwächen konzentrieren. Sie machen das Gegenüber »klein«, um sich selbst stark zu fühlen. Sie verdecken damit eigene Schwächen und Fehler. Im Eigentlichen fühlen diese Kommunikationspartner*innen sich minderwertig. Im Kontakt mit ebenfalls aggressiv-entwertenden Kommunikationsstrukturen kommt es zu heftigen Auseinandersetzungen und Machtkämpfen. Im Umgang mit dem selbstlosen Kommunikationsstil holt der aggressiv-entwertende die von ihm selbst angestrebte Selbstbestätigung auf Kosten des anderen. Die Stärke dieses Kommunikationsstils besteht darin, dass diese Personen sich recht einfach Respekt verschaffen und auch kritische Dinge ungeschminkt ansprechen. Seine Lern- und Entwicklungsaufgabe besteht darin, anderen Respekt und Anerkennung entgegenzubringen.
- Der*Die **sich beweisende Kommunikationspartner*in** empfindet sich selbst als eher wertlos, daher versucht er*sie ständig, sich und anderen zu beweisen, dass er*sie etwas kann und somit wertvoll ist. Er*Sie versucht Lob und Anerkennung von anderen zu bekommen. Fehler und Schwächen werden geleugnet und verdeckt. Im Umgang mit anderen Menschen entsteht ein Konkurrenzkampf, um ständig die eigenen Kompetenzen unter Beweis zu stellen. Abwehrende Reaktionen vom Gegenüber führen eher dazu, sich noch mehr ins Zeug zu legen, um den anderen zu überzeugen. Die Stärke besteht darin, dass der*die sich Beweisende sich Konkurrenzsituationen stellt und mit einem gewissen Ehrgeiz ziel-

strebig ist. Diese Person ist sich seiner eigenen Stärken bewusst und weiß diese einzusetzen. Die Lern- und Entwicklungsaufgabe besteht darin, auch zu den eigenen Schwächen und Fehlern zu stehen, um einerseits entspannter durchs Leben zu gehen und andererseits durch mehr »menschlich« sein, von den anderen als Person und nicht ausschließlich aufgrund der Leistung gemocht und geschätzt zu werden.

- Eine **bestimmend-kontrollierende Person** versucht die gesamte Umwelt und alle Mitmenschen zu kontrollieren. Menschen mit diesem Kommunikationsstil stellen Regeln auf und erwarten, dass diese vom Gegenüber eingehalten werden. Auf diese Weise versuchen sie, sich vor unerwarteten Überraschungen und Kontrollverlust jeglicher Art zu schützen. Der bedürftig-abhängige und der selbstlose Kommunikationstyp schätzen diese klaren Aussagen, da diese Sicherheit und Verlässlichkeit für sie bedeuten. Wünscht das Gegenüber jedoch mehr Freiheit und Eigenverantwortung, kommt es zu Reibung und Auseinandersetzung. Der bestimmend-kontrollierende Mensch erlebt dies als Regelverstoß und reagiert mit verstärkter Kontrolle und Reglementierung. Die Stärken dieses Kommunikationsstils liegen in Struktur, Planung, Organisationstalent, Selbstkontrolle, Verlässlichkeit und Klarheit. Um der Gefahr eines Kontrollzwangs entgegenzuwirken, liegt die Lern- und Entwicklungsaufgabe für diese Personen im Versuch, mehr Vertrauen in andere und mehr Flexibilität zu entwickeln.

- Der sich **distanzierende Kommunikationsstil** ist dadurch geprägt, dass die Person versucht, dem*der Interaktionspartner*in sowohl räumlich als auch emotional nicht zu nah an sich heranzulassen. Aus Angst vor Gefühlen bevorzugt diese Person eine sachlich-rationale Sichtweise. Im Umgang mit anderen wird sie von diesen als arrogant und ablehnend erlebt. Dadurch fühlt sich dieser Kommunikationstyp wiederum unwillkommen und zieht sich noch mehr zurück. Hat jemand ein ausgeprägtes Bedürfnis nach Nähe, reagiert der*die sich Distanzierende ebenfalls mit zunehmendem Rückzug aus der Beziehung. Die Stärke, der sich distanzierenden Persönlichkeit, liegt darin im professionellen Kontakt eine gewisse Distanz zu den Kindern, Eltern, Kolleg*innen und belastenden Situationen einhalten zu können. Sie können ein Problem sachlich betrachten und nach Lösungen suchen. Ihre Lern- und Entwicklungsaufgabe besteht darin, sich auf andere Mitmenschen einzulassen und eigene Gefühle bzw. die der anderen wahrzunehmen und zuzulassen.

- Der*Die **mitteilungsfreudig-dramatisierende Kommunikationspartner*in** spricht gerne über sich selbst. Er*Sie berichtet in den schillernsten Farben über Erlebtes und steht gerne im Mittelpunkt. Dabei wirken die Emotionen eher unecht und übertrieben auf das Gegenüber. In den ersten Begegnungen bekommt dieser Kommunikationstyp viel Zuspruch, Interesse und Anerkennung von seinen Interaktionspartner*innen entgegengebracht. Da er im Gegenzug jedoch wenig Interesse an seinem Gegenüber zeigt, ziehen sich die Zuhörer*innen und Bewunderer*innen nach und nach zurück. Dies fordert den*die Mitteilungsfreudig-Dramatisierende*n dazu auf, sich weiter in den Vordergrund zu drängen, um wieder wahrgenommen zu werden. Mitteilungsfreudig-dramatisierende Personen sind unterhaltsam und glänzen durch Charme und Witz. Die Lern- und Entwicklungsaufgabe besteht darin, zuhören zu lernen, sich angemessen zurückzuhalten und ein ehrliches Interesse an dem Gegenüber zu entwickeln.

Mit dieser Übersicht zu den einzelnen Kommunikationsstilen, deren Stärken und den Entwicklungspotenzialen, können Sie als Gruppenleitung ihr eigenes Kommunikationsverhalten und das Ihrer Teammitglieder ein Stückchen besser verstehen lernen. Überlegen Sie einmal, in welchen Situationen und Interaktionen welche Kommunikationsstile bei Ihnen sichtbar werden. Wie handeln Sie dann? Und wie reagieren Ihre Teammitglieder darauf? Was können Sie selbst dazu beitragen, Ihren Kommunikationsstil im Sinne der damit verbundenen Stärken zu nutzen? Inwieweit gilt es, diesen Stil weiterzuentwickeln, um mit Ihren Kommunikations- und Interaktionspartner*innen anders umgehen zu können? Finden Sie ggf. Entfaltungsmöglichkeiten im Rahmen gezielter Fortbildungen, Coachings oder Supervisionen?

3.4.4 Austausch und Dialog konstruktiv gestalten

Im Kleinteam einer Kindertagesstätte gehören Austausch und Dialog unabdingbar zu einer gut gelingenden Zusammenarbeit dazu. Wie dies im Einzelnen konstruktiv und produktiv umgesetzt und gestaltet werden kann, wird hier einmal als Leitfaden für Sie als Gruppenleitung zusammengefasst.

Zur Umsetzung einer wertschätzenden und gelingenden Kommunikationskultur tragen folgende Elemente und Merkmale grundlegend bei:
- **Ich-Botschaften** – sie sind eine wesentliche Grundvoraussetzung für einen konstruktiven Austausch und Dialog. Die Verwendung von Du-Botschaften wird hingegen oftmals als Angriff oder Vorwurf empfunden. Eine zusätzliche Verallgemeinerung mit Worten wie »immer«, »ständig«, »überall«, »schon wieder«, »andauernd« führt zum Widerstand und Widerspruch beim Gegenüber. Wenn Sie hingegen das auslösende Verhalten bzw. die

auslösende Situation möglichst ohne Bewertung und die Wirkung auf Sie selbst und Ihre Gefühle mit einer Ich-Botschaft so anschaulich und greifbar wie möglich beschreiben, erfährt der*die auf diesem Weg Kritisierte somit Näheres über seine*ihre Bedürfnisse und Wünsche und erhält die Gelegenheit, einen konstruktiven und lösungsorientierten Dialog mit Ihnen zu führen. Die Verteidigungshaltung bleibt aus, da es gar nicht erst zum Angriff kommt. So kommen Sie gemeinsam einem Lösungsansatz näher.
- **Aktives Zuhören** – beschreibt eine zentrale Gesprächsführungstechnik, bei der der*die Zuhörende durch das verbalisieren der Bedürfnisse und Gefühle des Mitteilenden, durch sachliches Zusammenfassen und gezieltes Nachfragen, seinem*seiner Interaktions- und Kommunikationspartner*in den Eindruck vermittelt, ihn*sie zu verstehen.

Zur Erinnerung: Aktives Zuhören

Die drei Grundsätze für aktives Zuhören nach Rogers (vgl. Askeljung, 2018):
1. eine offene, empathische Grundhaltung
2. ein authentisches Auftreten
3. die Akzeptanz und bedingungslose positive Beachtung der anderen Person

Weiterhin sind hierbei hilfreich (vgl. Askeljung, 2018):
- Einlassen auf das Gegenüber
- Konzentration auf das Gespräch
- Zugewandte Körperhaltung
- Zurückhaltender Umgang mit der eigenen Meinung
- Nachfragen bei Unklarheiten
- Zuhören und Verstehen (heißt nicht grundsätzlich, mit allem einverstanden zu sein)
- Aushalten von Pausen als mögliche Anzeichen für Unklarheiten, Angst oder Ratlosigkeit
- Beachtung der eigenen Gefühle und Resonanzen
- Erkennen und Ansprechen der Gefühle des Partners*der Partnerin
- Kurze Äußerungen als Bestätigungen
- Ausreden lassen des Gegenübers
- Halten des Blickkontakts
- Ruhiges Anhören von Vorwürfen und Kritik
- Empathie für die Situation des Gegenübers

- Das **Nutzen verständlicher Formulierungen** führt dazu, dass die Inhalte von Austausch und Dialogen für alle Beteiligten nachvollziehbar sind. Umso eindeutiger und klarer Sie miteinander sprechen, desto weniger kommt es zu Missverständnissen.
- Falls noch etwas unklar ist, gilt es für alle am Austausch und Dialog Beteiligten, die **Bereitschaft zu zeigen, nachzufragen.** Das beinhaltet u. a. die Verpflichtung, sich Informationen aktiv einzufordern und nicht nur darauf zu warten, dass ein*e andere*r einen informiert. Andererseits geht es auch darum, nachzufragen, wenn etwas nicht verstanden wurde oder jemand etwas nicht weiß bzw. vergessen hat.
- Im Rahmen eines wertschätzenden Austauschs und Dialogs kommt es zum **konstruktiven Feedback** zwischen den Teammitgliedern, was dazu führt, dass jede*r um seine*ihre Stärken weiß, dafür Anerkennung und Bestätigung erfährt und die Bereiche, die ihm*ihr schwerer fallen, mit Hilfe und Unterstützung der Teamkolleg*innen weiterentwickeln kann.
- Nicht jede*r Mitarbeiter*in ist jeden Tag gleichbleibend belastbar und guter Laune. Manchmal wird die Kommunikation durch Einflüsse von außen bzw. persönlicher Natur zeitweise beeinflusst. Steht das Kleinteam auch hierüber in einem angemessenen Dialog über einflussnehmende **persönliche Hintergründe und Befindlichkeiten,** können diese zumindest zeitweise **berücksichtigt** werden. So ist es dann möglich, dass die schlechte Tageslaune eines Teammitgliedes von den anderen nicht zwangsläufig persönlich genommen werden muss.
- Sehr zuträglich für eine konstruktive und wertschätzende Kommunikation im Allgemeinen ist auch das verbindliche **Aufstellen von Kommunikations- und Verhaltensregeln** im kollegialen Miteinander.

Kommunikations- und Verhaltensregeln

1. Im Mittelpunkt der pädagogischen Arbeit steht immer das Wohl des einzelnen Kindes. Jede*r trägt mit seinen*ihren Ressourcen und Kompetenzen dazu bei, dieses Ziel gemeinsam zu erreichen.
2. Jede*r im Team ist gleichberechtigt und als menschlich und fachlich vollwertige*r Partner*in akzeptiert.
3. Jede*r kommuniziert offen, ehrlich und fair. Jede*r bringt sich aktiv ein. Alle hören hin und tolerieren die Meinungen der anderen.

4. Jede*r ist verantwortlich dafür, zu einer freundlichen, sachlichen und motivierenden Atmosphäre beizutragen.
5. Jede*r bringt seine*ihre volle Leistungskraft. Jede*r fühlt sich verantwortlich für das Team, für die Aufgaben, für das Ergebnis und tragen alle Entscheidungen nach außen solidarisch mit.
6. Jede*r unterlässt abfällige, abwertende Bemerkungen oder Gesten anderen gegenüber und sorgt ggf. für die Unterlassung dieser
7. Jede*r bereitet sich auf die Kleinteambesprechung vor, gibt notwenige Informationen weiter und geht mit Informationen vertraulich um.
8. Jede*r hält sich an vereinbarte Regeln und Absprachen. Wenn dies einmal nicht geschieht, wird der*die Betreffende von den anderen darauf angesprochen.
9. Konflikte werden von jedem*jeder akzeptiert, angesprochen und möglichst fair und sachlich ausgetragen.
10. Jede*r erkennt Kritik als Chance zur Verbesserung. Kritik wird nicht als persönlicher Angriff gewertet, sondern ermöglicht einen Lernprozess.
11. Jede*r sagt dem anderen, wenn ihm*ihr etwas gefallen hat und worüber er*sie sich gefreut hat.
12. Erfolge werden gemeinsam geachtet, anerkannt und wertschätzend gefeiert.

Team-Regeln

Diese Regeln finden Sie auch als Vorlage zum Ausdrucken.

3.4.5 Gemeinsam Entscheidungen treffen

In einem konstruktiv zusammenarbeitenden Team werden wichtige Entscheidungen in der Regel gemeinsam getroffen. Im Einzelfall wägt die Gruppenleitung ab, wenn eine gemeinsame Entscheidung nicht möglich oder wenig sinnvoll ist. In diesen Situationen informiert sie ihre Teammitglieder, um diesen ihre Entscheidungsgrundlagen zu vermitteln, sodass diese sich nicht übergangen oder bevormundend fühlen. Ist die Kommunikation der Teammitglieder untereinander eingespielt und sind Entscheidungswege transparent, erleben sich alle als gleichermaßen bedeutsam und werden dies durch entsprechenden Einsatz honorieren.

Hierfür gibt es hilfreiche Strukturen, die der Gruppenleitung dabei helfen, die jeweiligen Entscheidungssituationen bereits im Vorfeld genau zu prüfen und einzuordnen. Dies trägt dazu bei, dass dann der für das Team und das Ergebnis optimalste Entscheidungsweg genutzt werden kann.

Überprüfen Sie daher zunächst einmal, um was für eine Entscheidungssituation (vgl. Gloger 2013) es sich überhaupt handelt:

So sind **Kontextentscheidungen** von außen vorgegeben und müssen daher umgesetzt werden. Hier gilt es zu prüfen, bis wann diese umzusetzen sind. Hier handelt es sich in der Regel um gesetzliche Vorgaben oder Dienstanweisungen. Weder Gruppenleitung noch Gruppenteam haben diesbezüglich eine Wahl. Daher sollten Sie gemeinsam darauf verzichten, wertvolle Zeit darauf zu verwenden, breit zu diskutieren oder zu klagen, wenn es nicht weiterführt. Informieren, Akzeptieren und Umsetzen ist der Schlüssel zum Erfolg. Die Gruppenleitung hat hier für Transparenz, Sinn und Eindeutigkeit zu sorgen.

Manches Mal fehlt im Alltag die Zeit, alle Teammitglieder in eine Entscheidung mit einzubeziehen und dann sind von einer Gruppenleitung sogenannte **Führungsentscheidungen** erforderlich. Diese können im Nachhinein, je nach Ausgangslage, begründet vorgegeben oder müssen überzeugend vermittelt und erklärt werden. Für die Gruppleitung ist für die Umsetzung wichtig, dass das Kleinteam diesen schnellen und effektiven Weg zur Entscheidungenfindung im Einzelfall akzeptiert. Dazu ist ein gewisses Maß an gegenseitigem Vertrauen erforderlich.

Das Prinzip der **Mehrheitsentscheidungen** ist in der Praxis recht häufig anzutreffen. Zunächst wird über den Inhalt und Auslöser für die anstehende Entscheidung informiert. Daran schließen sich Austausch und Argumentation an. Daraus entsteht die Basis für eine Abstimmung. Die Gefahr bei Mehrheitsentscheidungen besteht oft darin, dass es eine unterlegene Minderheit gibt, die das Ergebnis nur bedingt akzeptiert und die Umsetzung nicht voll und ganz mitträgt. Hier kommt dann der Gruppenleitung die Rolle und Aufgabe zu, Inhalt und Umsetzung der Entscheidung zu überprüfen und ggf. einzufordern.

In jedem Kleinteam gibt es Spezialisten zu bestimmten Themen und Sachgebieten. Je nachdem, kann es durchaus sinnvoll sein, eine **Expertenentscheidung** als Entscheidungsweg zu wählen und somit die fachliche Kompetenz aus Wissen und Erfahrung einzelner Teammitglieder oder Teilgruppen zu nutzen. Auch hier sind transparente Information und das Vertrauen aller in den*die Expert*in erforderlich.

Eine **Konsensentscheidung** gilt als der »Königsweg« für Teamentscheidungen. Dies beinhaltet die Übereinstimmung bzw. Zustimmung aller am Entscheidungsprozess Beteiligten. In der Praxis werden solche Entscheidungen im Dialog als sehr befriedigend erlebt. Der Entscheidungsprozess kann jedoch auch als zeitraubend, langwierig und anstrengend erlebt werden. Hier ist es hilfreich, als Gruppenleitung in dialogischer Kommunikation geübt zu sein. Nicht immer kommt es auf diesem Weg zu einer Entscheidung. Dann hilft es, sich auf einen sogenannten Konsens im Dissens zu einigen, was bedeutet, die bewusste Feststellung zu treffen, dass sich alle Beteiligten insoweit einig sind, dass sie sich in dieser Sache nicht einigen können. Bedarf es jedoch einer Entscheidungsnotwendigkeit, einigt man sich auf eine Führungs-, Experten- oder Zufallsentscheidung (z. B. per Los). Egal, wie diese dann ausgeht, muss das Ergebnis von allen angenommen und umgesetzt werden.

Anregungen für die Entscheidungsfindung im Team

Damit alle Kolleg*innen im Kleinteam sich gleichermaßen einbringen können, auch weniger redegewandte oder zurückhaltende Kommunikationstypen, bietet es sich an, jede*n seine*ihre Meinung und Position zu einer konkreten Frage- oder Problemstellung auf Moderationskarten schreiben zu lassen. Auf jeder Karte sollte nur ein Aspekt notiert werden. Nach einer vereinbarten Zeit werden die Karten nacheinander vorgelesen und an einer Pinnwand oder auf dem Tisch gesammelt und gemeinsam sortiert. Jede*r Mitarbeiter*in sollte die Gelegenheit bekommen, die Stichworte kurz zu erläutern. Im Anschluss daran können die Teammitglieder diesen Standpunkten zustimmen oder widersprechen. Durch den direkten Vergleich mit der eigenen Meinung kann sich daraus eine konstruktive Diskussion aller Beteiligter ergeben.

Als Alternative können Sie auch eine Für- und Wider-Diskussion als Ausgangspunkt für die Entscheidungsfindung wählen. Nehmen Sie eine konkrete Frage- oder Problemstellung, und versuchen Sie nun gemeinsam, erst einmal alle Aspekte, die für einen bestimmten Weg sprechen, zu benennen. Und dann sammeln Sie alles, was dagegenspricht. In einem nächsten Schritt teilen Sie Ihr Kleinteam per Losverfahren in eine Gruppe, die Befürworter*innen und eine zweite Gruppe, die sich Kontra äußert – unabhängig von ihrer tatsächlichen Meinung. Diese Form eignet sich für Entscheidungen, wie z. B.: Sollen die Eltern an der Bastelaktion mit den Kindern beteiligt werden? Ist es sinnvoll, dass ein Kind laut Elternwunsch schon auf den Mittagsschlaf verzichten soll? Soll es ein Weihnachtsgeschenk für die Gruppe geben? Wird ein Ausflug geplant? etc.

Eine weitere Methode, um Entscheidungsalternativen zu entwickeln, diskutieren und auszuwerten, ist die **Entscheidungssonne**. Zeichnen Sie einen Kreis in die Mitte eines Blattes. In diesen schreiben Sie das Thema, dass es zu diskutieren gilt. Zum Beispiel, es hat bislang einen Spielzeugtag in der Gruppe gegeben und es soll nun überlegt werden, wie in Zukunft damit umgegangen werden soll. Dann werden gemeinsam verschiedene Möglichkeiten gesammelt: wie gehabt beibehalten, uneingeschränktes Mitbringen von Spielzeugen an jedem Tag, Einschränkung, was mitgebracht werden darf, altersabhängige Regelung (z. B. nur die Jüngsten, wenn es sich um Übergangsobjekte handelt) etc. Für jede Möglichkeit wird ein »Sonnenstrahl« gezeichnet und die Möglichkeit daran geschrieben, wenn die Sammlung abgeschlossen ist (vgl. Abb. 29). Die Entscheidungsskala richtet sich nach den Antwortmöglichkeiten. Bei zehn Antwortmöglichkeiten gäbe es eine Skala von 0–9. Dann überlegt sich jede*r was für ihn*sie die denkbar schlechteste Lösung wäre, diese bekommt dann null Punkte. Die nächstbessere Bewertung bekommt dann einen Punkt, die nächste zwei etc., bis alle Alternativen im eigenen Ranking eingeordnet sind. Welche Alternative erhält im Team auf diese Weise den größtmöglichen Konsens?

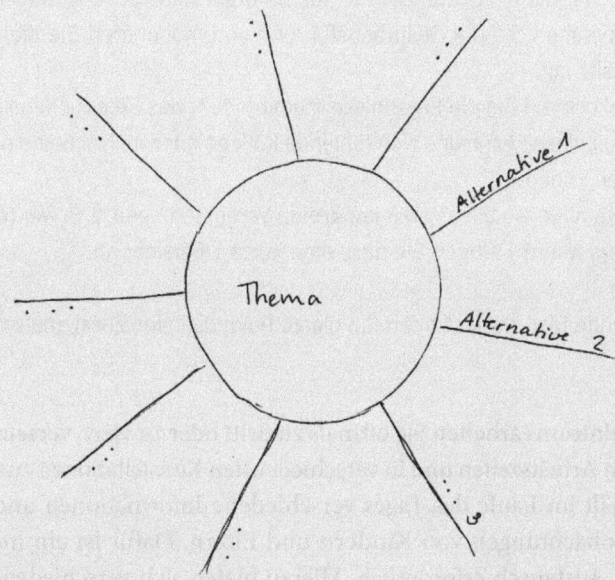

Abb. 29: Die Entscheidungssonne

3.4.6 Informationswege sinnvoll nutzen

In einem Kleinteam befinden sich die Mitglieder immer wieder in der Situation, selbstständig und eigenverantwortlich handeln zu müssen. Nicht immer sind demnach konkrete Absprachen möglich. Wichtig für das möglichst reibungslose Zusammenspiel zwischen den Kolleg*innen ist die vorausgegangene Einigung auf verbindliche Regeln und ein gemeinsames Arbeitsverständnis. Dafür sind ein geregelter Informationsfluss und effizienter Austausch unabdingbar.

Einen üblichen und geeigneten Rahmen bilden die möglichst regelmäßig stattfindenden Kleinteambesprechungen. Die Gruppenleitung übernimmt in der Regel eine strukturelle Führung dieser Besprechungen und sollte möglichst darauf achten, dass organisatorische Themen und Inhalte möglichst ausgewogen berücksichtigt werden.

Anregung für die Organisation einer Kleinteambesprechung:

1. Sammeln Sie die wesentlichen Punkte, die besprochen werden sollen. Bringen Sie diese in eine möglichst sinnvolle Reihenfolge. Planen Sie möglichst nur ein Drittel der Zeit für die organisatorischen Themen ein.
2. Übernehmen Sie die Gesprächsführung und moderieren Sie die Kleinteamsitzung.
3. Protokollieren Sie die Ergebnisse, damit jede*r das Besprochene nochmal nachlesen kann und sich fehlende Kolleg*innen im Nachhinein informieren können.
4. Beenden Sie die Sitzung mit konkreten Vereinbarungen, z. B. wer tut was und bis wann? Fertigen Sie dazu eine kurze Übersicht an.

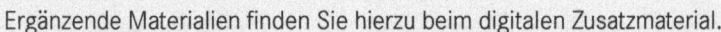

Ergänzende Materialien finden Sie hierzu beim digitalen Zusatzmaterial.

Besprechungs-
protokoll

In den Kleinteams arbeiten Sie oftmals zu dritt oder zu viert, versetzt zu verschiedenen Arbeitszeiten und in verschiedensten Konstellationen zusammen. Jede*r erhält im Laufe des Tages verschiedene Informationen und macht eigene Beobachtungen von Kindern und Eltern. Dafür ist ein möglichst effizienter Austausch erforderlich. Hierzu bieten sich verschiedene in der Praxis bewährte Formen und Möglichkeiten an.

1. Das **Gruppenbuch,** in dem kurz die wichtigsten Informationen über besondere Situationen und Vorkommnisse am Tag, Informationen von Eltern über die Kinder, wichtige an Eltern weiterzugebende Informationen und alles, was sonst noch wichtig erscheint, notiert werden.
2. Eine verkürzte Variante ist das **Klemmbrett,** das an einer Stelle ausliegt, an der alle regelmäßig vorbeikommen und wo ein Stift griffbereit daneben liegt. Hier kann quasi im Vorbeigehen Wesentliches notiert werden. Mit einem Blick ist dann ersichtlich, was Wichtiges ansteht bzw. an Eltern weiterzugeben ist. Wichtig ist hier, darauf zu achten, dass diese Informationen nicht für Außenstehende zugänglich sind.
3. An der Innenseite einer Schranktür geht dies auch mit **Post-it Zetteln.** Hier können Notizen, Infos und Fragen gesammelt werden. Ein Blick auf die Zettel verschafft einen Überblick, was noch zu erledigen ist. Abgeschlossenes kann entfernt werden. So wird auch gewährleistet, dass sich nicht unnötigerweise zwei Personen um etwas kümmern, was eine*r schon längst geregelt hat. In der Kleinteambesprechung kann geschaut werden, was noch offen ist und der gemeinsamen Bearbeitung und Absprache bedarf.
4. Das **Gruppenregel-Buch** vereint alle Regeln, Absprachen und Verbindlichkeiten, die allen Kleinteammitgliedern klar sind und keiner weiteren Diskussion mehr bedürfen. Regelmäßig 1–2 Mal im Jahr sollten die Inhalte gemeinsam überprüft werden, um etwaige Veränderungen zu berücksichtigen und Unklarheiten zu besprechen. Ein solches Gruppenregel-Buch erleichtert auch die Einarbeitung neuer Kolleg*innen oder Vertretungssituationen, wo sich Gruppenkolleg*innen anderer Gruppen kurzfristig in der Gruppe zurechtfinden müssen.
5. Nicht immer sind alle Informationen, die innerhalb einer Kindertageseinrichtung weitergegeben werden, für alle Mitarbeiter*innen gleichermaßen relevant und wichtig. In einer **Informations-Mappe** werden daher die Informationen nach drei Kategorien gesammelt. Die rot gekennzeichneten Informationen sind für alle wichtig und daher auch von allen zu lesen. Mit gelb werden die Informationen herausgestellt, die zwar weniger wichtig, aber trotzdem ganz interessant sind. Und dann gibt es noch die grünen Informationen, die sind eher unwichtig und wer Zeit hat, kann sich diese ergänzend durchlesen.

Der Gruppenleitung kommt hier die Aufgabe zu, sinnvolle Informationswege einzuführen und zu pflegen. Probieren Sie aus, was in Ihrem Team am besten geeignet ist und zu Ihnen passt.

3.5 Zeitmanagement und Delegieren

Abb. 30: Gläser mit Schildern und Wasserkrug

Wie schon im 2. Kapitel ausführlich beschrieben, hat eine Gruppenleitung ausgehend von den verschiedenen Handlungsfeldern viele verschiedene Aufgaben zu koordinieren und zu erledigen. Hierfür steht ihr jedoch Tag für Tag nur ein begrenzter Zeitumfang zur Verfügung.

Um das erforderte Aufgabenspektrum zu bewältigen, braucht die Gruppenleitung einen guten Überblick über das zu Erledigende, ein gut organisiertes Zeitmanagement mit einem gesunden Gefühl für Prioritäten und die Fähigkeit, Aufgaben möglichst gleichmäßig auf die verschiedenen Schultern der Teammitglieder verteilen zu können.

3.5.1 Prioritäten setzen

Auf dem Foto zu Beginn des Kapitels (Abb. 30) symbolisiert das Wasser in der Wasserkaraffe das Zeitkontingent, das jeder Gruppenleitung und ihrem Team zur Verfügung steht. Die Gläser stehen für die unterschiedlichsten Aufgaben der verschiedenen Handlungsfelder. Gieße ich nun einen Teil des Wassers in eines der Gläser, bleibt mir nun zwangsläufig weniger Wasser für die anderen Gläser.

Im übertragenen Sinne: verwende ich nun von dem mir zur Verfügung stehenden Zeitkontingent einen Teil der Zeit für eine Aufgabe, bleibt mir weniger Zeit für anderes. Um dieser Tatsache zu begegnen und die Zeit Tag für Tag gut einzuteilen, gilt es, Prioritäten zu setzen. Daher ist es als Gruppenleitung sehr wichtig, immer wieder aufs Neue gut zu überlegen und zu unterscheiden, was wichtig oder weniger wichtig und was dringend oder weniger dringend ist.

> **Eine kleine Geschichte zur weiteren Verdeutlichung:**
> **Von großen und kleinen Steinen und der richtigen Reihenfolge**
>
> Ein Professor verdeutlicht seinen Studenten, wie wichtig es ist, zunächst die wichtigen Dinge und Aufgaben zu berücksichtigen, um die eigene Arbeit und die zur Verfügung stehende Zeit zu organisieren.
> Er veranschaulicht dies, indem er symbolisch eine Schüssel zunächst mit ein paar großen Steinen füllt, dann gibt er nacheinander mittelgroße und kleine Steine dazu. Anschließend folgen erst Sand und dann Wasser, bis die Schüssel komplett gefüllt ist. Hätte er beispielsweise erst mit dem Wasser oder dem Sand begonnen, wäre für das Wesentliche kein Platz mehr gewesen.[10]

Um diese Prioritäten für den eigenen Arbeitsalltag zu finden und möglichst konsequent zu verfolgen, hat sich über viele Jahre das sogenannte Eisenhower-Prinzip[11] bewährt.

Das Eisenhower-Prinzip (vgl. Müller 2018, S. 62 ff.) orientiert sich im Wesentlichen an zwei Dimensionen: die Wichtigkeit (orientiert an den Gruppen- und Einrichtungszielen) und die Dringlichkeit (orientiert an Terminen).

Daraus ergeben sich – wie in der Abb. 31 zu sehen – die verschiedenen Prioritäten, nach denen die Aufgaben abzuarbeiten sind.

Die Aufgaben im Feld A sind wichtig und gleichzeitig dringend. Hierbei handelt es sich um unaufschiebbare Aufgaben, die sofort und mit größt-

---

10 Heidenberg, B.: Verfügbar unter: https://www.zeitblueten.com/news/geschichte-zeit-management/, Zugriff: 16.01.2019.
11 Dwight David »Ike« Eisenhower (1890–1969), 34. Präsident der Vereinigten Staaten von Amerika.

Abb. 31: Eisenhower-Prinzip

möglichem Einsatz zu erledigen sind. Hier können aktuelle Angebote für und mit den Kindern, anstehende Elterngespräche, der Inklusionsantrag o. ä. stehen.

B-Aufgaben zeichnen sich hingegen dadurch aus, dass sie zwar wichtig, aber noch nicht dringend zu erledigen sind. Die Gefahr liegt hier in der Aufschiebbarkeit der einzelnen Aufgaben. Die Bildungsdokumentationen der Kinder sind beispielsweise zwar wichtig, aber wann genau sie bearbeitet werden, ist nicht zwangsläufig termingebunden. Damit sich jedoch diese langfristigen Aufgaben nicht alle auf einmal in Feld A wiederfinden, ist es hilfreich, die B-Aufgaben zu terminieren und Stück für Stück zu bearbeiten. So könnte jede*r Kolleg*in eine Bildungsdokumentation pro Woche schreiben. Wenn damit zeitig begonnen wird, ist der Arbeitsaufwand überschaubarer und schaffbarer. Was im Feld B auf diese Weise konsequent bearbeitet wird, landet nicht mehr im Feld A.

Alles was dem Feld C zugeordnet wird, ist zwar dringend, weil es genau in diesem Moment gefordert wird, ist jedoch bei näherer Betrachtung oftmals für die konkrete Arbeit nicht wichtig. Diese Aufgaben entpuppen sich daher gerne als Zeit- und Energiefresser. Hierzu zählen: das permanent klingelnde Telefon, das die pädagogische Arbeit mit den Kindern unterbricht, oder die*der Kolleg*in, der*die aus persönlichen Gründen den Dienst tauschen möchte, während Sie selbst gerade im Spiel mit den Kindern sind. Hier ist es wichtig, dass Sie lernen, sich gut abzugrenzen und zu Ihren Prioritäten zu stehen, Unwichtigeres auch einmal liegen zu lassen und sich von dem eigenen Perfektionismus zu verabschieden (s. Kapitel 3.4.1), einzelne Aufgaben zu delegieren (s. Kapitel 3.5.2) oder auch einmal »Nein« zu sagen (s. Kapitel 3.5.4).

Im Feld D sammeln sich dann die vielen kleinen Tätigkeiten, die im pädagogischen Alltag weder wichtig noch besonders dringend sind. Bei näherer Betrachtung finden sich hier jedoch oftmals persönliche Alltagsfluchten und Lieblingsablenkungen. Als Beispiele hierfür sind die Erneuerung der Fensterdekoration, das Sortieren der Spielsachen und der Fotos zu benennen. Hier ist eine Entscheidung gefragt, wieviel Ablenkung Sie sich und Ihren Kolleg*innen gönnen und welche Tätigkeiten zurückgestellt bzw. ganz gestrichen werden.

Mit Hilfe des Eisenhower-Prinzips wird es so möglich, sich auf die wichtigen Aufgaben mit hoher Energie zu konzentrieren und weniger wichtige Dinge mit weniger Aufwand anzugehen bzw. Aufgaben aus Feld D auch zurückstellen zu können.

Zunächst einmal werden hierfür alle anstehenden Aufgaben für die nächste gesammelt und nach Handlungsfeldern sortiert aufgeschrieben. Am einfachsten ist dies, wenn Sie jedem Handlungsfeld eine Farbe zuordnen: rot für Kinder, blau für Eltern, grün für Kleinteam etc. Hierzu finden Sie als Arbeitserleichterung ein Formular beim digitalen Zusatzmaterial.
Eisenhower-Prinzip

Anschließend werden die einzelnen Aufgaben in die 4 Felder des Eisenhower-Prinzips eingetragen und nach und nach abgearbeitet.

Empfehlenswert ist es, zu Beginn einer jeden Woche auf Grundlage des Eisenhower-Prinzips einen Zeitplan für alle Aufgaben zu erstellen. Aufgaben, die im Laufe der Woche dazukommen, können jederzeit mit aufgenommen und der Plan entsprechend flexibel angepasst werden.

3.5.2 Delegieren lernen

Hat sich die Gruppenleitung einmal die Übersicht über die anstehenden Aufgaben verschafft, gilt es, nun den nächsten wichtigen Schritt zu meistern. Hierzu gehört die grundlegende Erkenntnis, dass sie trotz ihrer besonderen Rolle, die ihr die Hauptverantwortung für die Planung und Durchführung der pädagogischen Arbeit in ihrer Gruppe überträgt, nicht für alles selbst zuständig ist und alles selbst erledigen sowie übernehmen muss. Die Gruppenleitung soll ausdrücklich die anstehenden Aufgaben – in Abstimmung mit den anderen Mitarbeiter*innen – koordinieren und gleichmäßig auf die verschiedenen Schultern verteilen. In manchen Stellenbeschreibungen wird ihnen diesbezüglich sogar ausdrücklich die Weisungsberechtigung in Bezug auf die Fachaufsicht für weitere (pädagogische) Fachkräfte in der Gruppe erteilt. Diese Weisungsberechtigung vereinigt dann drei wesentliche Elemente miteinander: die Kunst des Delegierens, die gute Balance zwischen Vertrauen, Zutrauen und Kontrolle und die Fähigkeit, konstruktiv und fair Feedback zu geben.

Konzentrieren wir uns hier erst einmal auf das Delegieren. Und genau daran hapert es bei vielen Gruppenleitungen aufgrund unterschiedlichster Begründungen. Manchen fällt es schwer, abzugeben, weil sie glauben, dass es mehr Zeit kostet, die Aufgabe zu erklären, als es gerade selbst zu erledigen. Andere befürchten, dass der*die Kolleg*in die Aufgabe wegen fehlender Kompetenz gar nicht bewältigen kann. Wieder andere scheuen sich, den Kolleg*innen noch mehr Aufgaben aufzubürden, weil sie glauben, dass diese schon genug zu tun haben. Außerdem möchten viele nur ungerne den »Chef« gegenüber den Kolleg*innen herauskehren und halten sich daher lieber zurück. So vermeiden sie mögliche Widerstände und Konflikte mit den Kolleg*innen.

Egal welcher Grund dahinter steht, eine Gruppenleitung, die nicht delegiert, nimmt dann eher in Kauf, sich selbst zu viel zuzumuten. Dies kann dann irgendwann zur Überbelastung führen. Weiterhin bleiben bei den anderen pädagogischen Fachkräften manche Ressourcen und Potenziale ungenutzt, was sich dann auch für die Weiterentwicklung der pädagogischen Arbeit als wenig effizient und sinnvoll herausstellt.

Was bedeutet aber nun Delegieren und mit welchen Schritten lässt sich dies in die Praxis umsetzen? Vom Ursprung kommt das Wort delegieren aus dem Lateinischen und bedeutet so viel wie »anvertrauen« oder »übertragen«. Darin steckt eine wesentliche Voraussetzung für das Delegieren, nämlich das Vertrauen in den anderen, dem ich eine Aufgabe übertrage bzw. anvertraue.

Gemessen am Grad des Vertrauens sind fünf Varianten des Delegierens beschreibbar, auch als Stufen einer Treppe (vgl. Pfreundner 2017, S. 14 f.) visualisierbar (s. Abb. 32).

Auf der ersten und untersten Stufe heißt es: »**Mach es so, wie ich dir sage!**« In dieser Delegationsstufe traut die Gruppenleitung dem Gegenüber wenig zu und lässt ihm*ihr daher keinen Spielraum für eigenes Handeln. Sie hat

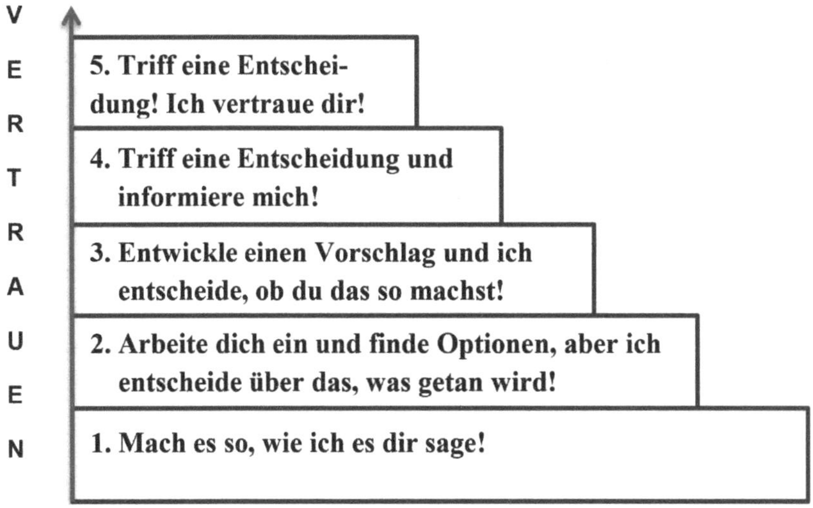

```
V
E    5. Triff eine Entschei-
R       dung! Ich vertraue dir!
T
     4. Triff eine Entscheidung und
R       informiere mich!
A
     3. Entwickle einen Vorschlag und ich
U       entscheide, ob du das so machst!
E    2. Arbeite dich ein und finde Optionen, aber ich
        entscheide über das, was getan wird!
N    1. Mach es so, wie ich es dir sage!
```

Abb. 32: Die Delegationstreppe

klare Vorstellungen, die genauso umzusetzen sind. Die Mitarbeiter*innen haben klare Vorgaben und wissen, was und wie es zu tun ist. Das trägt einerseits zu Klarheit und Sicherheit bei, kann aber auch vorhandene Potenziale und Motivation bei den Mitarbeiter*innen ausbremsen. Die Gruppenleitung behält kontinuierlich die Zügel in der Hand und übt oftmals viel Kontrolle aus. Das kann im Einzelfall unnötig Zeit binden, die der Gruppenleitung dann woanders fehlt. Deshalb gilt es, gut abzuwägen, in welchen Situationen und mit welchen Kolleg*innen diese Delegationsform angemessen und effektiv ist.

In der nächsten Stufe heißt es dann »**Arbeite dich ein, finde Optionen, aber ich entscheide über das, was getan wird!**« Hier dürfen die Gruppenkolleg*innen sich selbst in das Thema einarbeiten und verschiedene Möglichkeiten erarbeiten und vorschlagen. Letztlich entscheidet die Gruppenleitung, was davon tatsächlich infrage kommt und umgesetzt bzw. getan wird. Auch hier behält die Gruppenleitung selbst die Zügel in der Hand und entscheidet über das weitere Vorgehen. Die Mitarbeiter*innen können zwar Ideen einbringen, dann bekommen sie einen klaren Weg vorgegeben, der keine weiteren Spielräume zulässt.

Als nächstes heißt es dann: »**Entwickle einen Vorschlag und ich entscheide dann, ob du das so machst!**« Hier arbeiten sich die Mitarbeiter*innen selbstständig in das entsprechende Thema ein, entwickeln Ideen und arbeiten einen konkreten Vorschlag aus. Diesen bespricht er*sie mit der Gruppenleitung, die dann wiederum entscheidet, ob in dieser Situation dieser Vorschlag ausgeführt und umgesetzt wird. Die Gruppenleitung muss sich in diesem Fall nicht selbst aufwendig in etwas einarbeiten und gewinnt somit wertvolle Zeit.

Bei großem Vertrauen in die Kompetenz der Mitarbeiter*innen kommt es dann zu der Aussage seitens der Gruppenleitung: »**Triff eine Entscheidung und informiere mich darüber!**« Hier können sich die Mitarbeiter*innen selbstständig mit einem Thema beschäftigen, Möglichkeiten abwägen, eine eigenverantwortliche Entscheidung treffen und diese dann umsetzen. Die Gruppenleitung möchte im Nachhinein kurz darüber informiert werden, was, wie und warum es getan wurde. Dies trägt dazu bei, dass die Gruppenleitung im Falle von Rückfragen oder Einwänden von außen informiert ist und gleichwertig Rede und Antwort stehen kann.

In der höchsten Stufe der Delegation ist auch der höchste Grad an Vertrauen zu finden. Hier heißt es dann: »**Triff eine Entscheidung! Ich vertraue Dir!**« Die Gruppenleitung ist sich der Kompetenz der Teammitglieder absolut sicher. Der*Die Mitarbeiter*in hat einen sehr großen Spielraum, was die Entfaltung eigener Potenziale und die Steigerung von Motivation mit sich bringt. Die Gruppenleitung vertraut darauf, dass der*die Kolleg*in die Aufgabe zur allgemeinen Zufriedenheit und im Rahmen der in der Einrichtung bestehenden Regeln und Gepflogenheiten entscheidet und umsetzt. Dies bedarf seitens der Gruppenleitung keiner weiteren Kontrolle. Sie weiß, dass sie auch auf Rückfragen jederzeit adäquat reagieren kann. In dieser Stufe kann sie sich ruhigen Gewissens auf andere Aufgaben konzentrieren.

Als Gruppenleitung sollten Sie immer wieder in die Selbstreflexion gehen, inwieweit Sie wann, was, wem in Ihren Kleiteams zutrauen und übertragen. Auf welchen Stufen der Delegation befinden Sie sich zurzeit? Liegt diese Einordnung eher in der Natur Ihres Gegenübers begründet, oder liegt es auch ein Stück weit an Ihrer eigenen Person, warum Sie nicht mehr abgeben? Berücksichtigen Sie hierbei einen wichtigen Grundsatz: Wenn Sie als Gruppenleitung jemandem nie die Gelegenheit geben, sich auszuprobieren und unter Beweis zu stellen, dass er*sie einer Aufgabe gewachsen ist bzw. in die Bewältigung der Aufgabe hineinwachsen kann, wird er*sie nur schwerlich Aufgaben übernehmen können. Es gehört daher zu einer Ihrer Aufgaben, anderen pädagogischen Fachkräften in Ihrem Gruppenteam Möglichkeiten zu eröffnen, sich in die pädagogische Arbeit einzubringen und sich so fachlich weiterzuentwickeln.

Um dieses Entwicklungspotenzial zu ermöglichen, bedarf es der folgenden Grundhaltung:
1. Eröffnen Sie Ihren Gruppenmitgliedern Raum und Gelegenheit zum Ausprobieren – andere Menschen gehen oftmals andere Wege als Sie selbst, das hat nicht zwangsläufig ein schlechteres Ergebnis zur Folge.
2. Geben Sie Ihren Mitarbeiter*innen Zeit – »Übung macht den Meister«, und dafür braucht der*die andere am Anfang Zeit, um die Aufgabe in seinem Tempo bewältigen zu können.
3. Lassen Sie ein »Scheitern-dürfen« zu – Fehler machen zu dürfen, gehört zum Lernen dazu und natürlich geht auch mal etwas schief.

Schon Roosevelt[12] hat erkannt und formuliert: »Wer seiner Führungsrolle gerecht werden will, muss genug Vernunft besitzen, um die Aufgaben den richtigen Leuten zu übertragen und genügend Selbstdisziplin, um ihnen nicht ins Handwerk zu pfuschen.« In diesem Sinne sollte auch eine Gruppenleitung Aufgaben an andere Fachkräfte übertragen und ihnen dann den notwendigen Handlungsspielraum geben.

Um die zu übertragenden Aufgaben verständlich zu formulieren und zu delegieren, kann auch die Anwendung der sogenannten **S.M.A.R.T-Regel** hilfreich sein, die bereits im Kapitel 3.1.4 vorgestellt wurde. Daraus ergibt sich folgender Leitfaden für die Beschreibung von Aufgaben, die es zu delegieren gilt.

Eine Aufgabe sollte demzufolge:
1. möglichst konkret und eindeutig – also **spezifisch** – formuliert werden. »Kümmerst Du dich bis nächste Woche um die Bildungsdokumentation von Malte?«, »Stellst du bitte sicher, dass täglich die Anwesenheitslisten geführt sind?«;
2. **messbar** sein, d. h. Angaben über Aufwand und Umfang der einzelnen Aufgabe, z. B. ob es einmalig, regelmäßig, täglich, wöchentlich etc. zu erledigen ist;
3. eine gute Mischung und Abwechslung von unliebsamen und beliebten Aufgaben berücksichtigen, damit die Aufgabenerfüllung **attraktiv** bleibt. Niemand hat Lust, nur unbeliebte Aufgaben übernehmen zu müssen, trotzdem ist die Arbeit kein reines Wunschkonzert. Optimal ist es natür-

---

12 Franklin Delano Roosevelt (1882–1945), 32. Präsident der Vereinigten Staaten von Amerika.

lich, wenn die Fachkräfte einer Gruppe sich in ihren Vorlieben und Kompetenzen ergänzen. Manchmal hilft es schon sehr, die Wertschätzung für die Erledigung verschiedenster Aufgaben zu bekommen;
4. für die jeweilige Person mit Blick auf die persönlichen und fachlichen Kompetenzen und der Bereitstellung des zeitlichen, räumlichen und ggf. finanziellen Rahmens **realistisch** und erfüllbar sein;
5. durch die zeitliche Vorgabe bzw. Vereinbarung, bis wann die einzelne Aufgabe zuverlässig zu erledigen ist, **terminiert** sein.

Schließlich heißt es dann für Sie als Gruppenleitung, einfach mit dem Delegieren anzufangen. Warten Sie nicht auf einen passenden Zeitpunkt, der wird nie kommen. Legen Sie los, am besten mit kleineren Aufgaben, bei denen sich für alle Beteiligten schnell die ersten Erfolgserlebnisse einstellen können.

3.5.3 Stressverstärker vermindern

Nun ist es in der Praxis nicht immer ganz einfach, die vielen verschiedenen Anforderungen, die an die Position der Gruppenleitung geknüpft sind, zu bewältigen. Oftmals kommen hier unbewusste Glaubensgrundsätze mit ins Spiel, von denen der*die Einzelne geprägt und beeinflusst ist. Dadurch entstehen die unterschiedlichsten, individuellen Hindernisse und Stolpersteine. Diese Glaubensgrundsätze haben ihren Ursprung oft in den Erfahrungen aus der bisherigen Sozialisierung. Das Elternhaus und andere Sozialisationsinstanzen, wie Kindergarten, Schule und Ausbildungsstätte, spielen hierbei eine wesentliche Rolle. Diese Grundsätze ergeben sich aus verinnerlichten Botschaften, die zum einen wichtige und wertvolle Antreiber (Motivatoren) sind oder aber sich stressverstärkend (Stressoren) auswirken können.

Daher ist es sehr hilfreich, diesen Glaubengrundsätzen auf die Spur zu kommen, um für sich herauszufinden, inwieweit diese in der Zusammenarbeit mit den Kolleg*innen innerhalb der eigenen Position und Rolle eher hinderlich sind. Und ferner bietet das Wissen um diese Glaubensgrundsätze die Möglichkeit, für sich Wege und Ansätze zu erarbeiten, um diese konstruktiv umzuwandeln und sich weiterentwickeln zu können.

Die häufigsten Glaubensgrundsätze (ausgehend von den Antreibern und Stressverstärkern nach Kaluza)[13]

Ich muss perfekt sein! – Dieser Glaubensgrundsatz hat zur Folge, dass die perfektionistisch veranlagte Gruppenleitung bei sich und anderen keine Fehler zulassen kann. Alles muss hundertprozentig nach der eigenen Vorstellung umgesetzt und erledigt werden. Aus Sorge darum, dass der*die Kolleg*in die Aufgaben schlecht oder fehlerhaft bearbeitet, kümmert sich der*die Perfektionist*in lieber selbst um die Ausführung. Durch das persönliche Tun und die eigene Leistung erfährt und genießt dieser Gruppenleitungstyp Selbstbestätigung und Anerkennung. Gefahr besteht aber gleichzeitig darin, dass er*sie sich zu viel Arbeit aufbürdet, sich damit überfordert und darüber sehr unzufrieden wird.
Der Lern- und Entwicklungsauftrag für die perfektionistische Gruppenleitung: Fehler als Möglichkeit zum Lernen und Weiterentwickeln schätzen zu lernen. Die Leistung der anderen anerkennen zu lernen, auch wenn diese von den eigenen Vorstellungen abweicht. Abgeben lernen und die Kompetenzen der anderen schätzen und nutzen.

Ich muss beliebt sein! – Hinter diesem Gruppenleitungstyp steht eine Person, der die gute Beziehung zu den Kolleg*innen sehr wichtig ist. Er*Sie wünscht sich, dazuzugehören und angenommen zu werden. Ein harmonisches Miteinander ist ihm*ihr sehr wichtig. Kritik von anderen wird persönlich und als Zurückweisung verstanden. Ihm*ihr fällt es wiederum sehr schwer, Kritik zu äußern, aus Sorge sich damit unbeliebt zu machen. Er*sie neigt dazu, nicht »Nein« sagen zu können und daher mehr Aufgaben zu übernehmen als oftmals zu schaffen sind.
Hier besteht der Lern- und Entwicklungsauftrag darin, zu lernen, dass Kritik und Reibung zu einem konstruktiven Miteinander dazugehören und gerade eine gute Beziehung mit Kolleg*innen Auseinandersetzungen erst möglich machen. Darüber hinaus geht es in der Arbeit in erster Linie darum, gut und im Sinne der pädagogischen Arbeit mit den Kindern und Eltern als Kolleg*innen miteinander zu arbeiten. Dafür ist es zwangsläufig nicht erforderlich, miteinander befreundet zu sein.

---

13 Kaluza, G. (2005): Stressbewältigung. Trainingsmanual zur psychologischen Gesundheitsförderung. Heidelberg: Springer.

Ich muss stark sein! – Hier steckt ein übersteigertes Bedürfnis nach Unabhängigkeit und Selbstbestimmung dahinter. Dieser Gruppenleitungstyp hat Sorge, sich von irgendjemanden oder irgendetwas abhängig zu machen. Hilfe von anderen anzufordern oder in Anspruch zu nehmen, ist gleichbedeutend damit, Schwäche zu zeigen. Er*Sie neigt dazu, sich für andere aufzuopfern und dabei die eigenen Kräfte und Ressourcen zu überschätzen.

Der Lern- und Entwicklungsauftrag für eine Gruppenleitung mit diesem Glaubensgrundsatz besteht darin, sich selbst ernst zu nehmen und die eigenen Kräfte und Ressourcen realistisch einzuschätzen, um sich angemessen abgrenzen zu können. Zu wissen, wann die eigenen Grenzen erreicht sind und sich dann Hilfe und Unterstützung zu holen, praktisch und fachlich, ist keine Schwäche, sondern eine wertvolle Stärke.

Ich muss alles unter Kontrolle haben! – Dieses verstärkte Kontrollbedürfnis hat seinen Ursprung in einem ausgeprägten Streben nach Sicherheit. Dieser Gruppenleitungstyp meidet jegliche Form von Risiko und scheut Veränderungen, aus Sorge davor, die Kontrolle und den Überblick zu verlieren. Das hat zur Folge, dass bestehende Strukturen und vermeintlich Bewährtes unreflektiert beibehalten und Neuerungen blockiert werden. Diese Personen wirken sehr starr und unflexibel. Abweichende Ideen und Vorschläge von Kolleg*innen werden selten angenommen. Und bevor eine Aufgabe aus der Hand gegeben wird und somit der eigenen Kontrolle entzogen ist, erledigt diese Gruppenleitung die Aufgaben lieber selbst.

Loslassen und Veränderungen zulassen bzw. ermöglichen ist hier die wesentliche Lern- und Entwicklungsaufgabe. Getreu dem Motto: »Nichts ist beständiger als die Veränderung«, gilt für diesen Gruppenleitungstyp, die Erfahrung zuzulassen, dass in Veränderungen Chancen stecken, die durchaus positive Veränderungen mit sich bringen können. Anderen etwas zuzutrauen und damit auch einmal die Kontrolle aus der Hand zu geben, entlastet und setzt Energie frei, die dann für andere Aufgaben wieder nützlich sein kann.

Ich muss mich wohlfühlen! – Dahinter steht ein sehr ausgeprägtes und durchaus übersteigertes Bedürfnis nach Wohlbefinden und Bequemlichkeit. Alles Neue wird erst einmal grundsätzlich abgelehnt. Anstrengung und unangenehme Gefühle lösen Ängste und Stress aus und werden eher vermieden. Dieser Person fehlen die notwendige Energie und Kraft, etwas anzupacken und umzusetzen. Sie stellt ihre eigenen Bedürfnisse in den Mit-

> telpunkt. Positiv gesehen sorgt diese Person in der Regel sehr gut für sich selbst, stellt jedoch auf der anderen Seite die Bedürfnisse anderer zurück, wenn diese mit den eigenen kollidieren. In der Rolle der Gruppenleitung übernimmt diese Person nicht gerne Verantwortung und versucht, eher Aufgaben abzuwälzen. Oder sie bremst andere aus, um einen möglichst bequemen und unangestrengten Arbeitsalltag zu verleben.
> Die Lern- und Entwicklungsaufgabe besteht darin, mehr Verantwortung zu übernehmen, auch einmal etwas Unbequemes auszuhalten, das eigene Bedürfnis zurückzustellen und die Lasten gleichmäßig, das heißt auch mit auf die eigenen Schultern, zu verteilen.

Und nun begeben Sie sich auf die Spur Ihrer eigenen Glaubensgrundsätze. Erkennen Sie sich in dem ein oder anderen wieder oder gibt es mehrere Punkte der verschiedenen Glaubensgrundsätze, die auf Sie zutreffen? Formulieren Sie ausgehend hiervon Ihre persönlichen Lern- und Entwicklungsaufgaben. Überlegen Sie, was Sie tun können, um diese Glaubensgrundsätze in deren stressverstärkenden und möglicherweise blockierenden Wirkung zu minimieren. Von wem können Sie sich in Ihrem beruflichen oder privaten Umfeld etwas abschauen und lernen. Wer kann Sie begleiten und unterstützen?

Zielführend kann hierbei auch sein, dass Sie darüber nachdenken, wann es Ihnen in Ihrem pädagogischen Alltag bereits gelingt, sich von diesen Glaubensgrundsätzen zu lösen. Was ist in diesen Situationen dann anders als sonst? Wie können Sie sich darüber hinaus Bedingungen schaffen, die Sie in Ihrem persönlichen Veränderungs- und Entwicklungsprozess unterstützen?

3.5.4 »Nein« sagen dürfen

»Nein« – vier Buchstaben mit großer Tragweite und großer Bedeutsamkeit. Schon das einjährige Kind entdeckt dieses Wort und testet damit seine Selbstwirksamkeit mit Blick auf den eigenen Willen und mit der Wirkung auf andere.

Wenn wir als kleine Menschen schon so früh dieses Wort entdecken und damit experimentieren, warum fällt es vielen Erwachsenen dann oftmals so schwer »Nein« zu sagen? Und warum ist es in der Rolle als Gruppenleitung durchaus auch wichtig, sich ab und zu abzugrenzen und »Nein« sagen zu können.

Auch hier spielen die zunehmende Arbeitsverdichtung und die damit einhergehende Notwendigkeit Prioritäten zu setzen eine große Rolle. Inwieweit blockieren die persönlichen Stressverstärker diese Abgrenzung? Oft schwingt hier mit, dass die Bedürfnisse oder Meinung der anderen über die eigenen gestellt werden, dass der Wunsch, es allen recht machen zu wollen, in den Vordergrund rückt oder überhandnimmt.

Reflexion: Wann haben Sie das letzte Mal »Nein!« oder »Jetzt Nicht!« gesagt?

Wenn Sie an die letzten Wochen und Monate in Ihrer Arbeit denken, wann haben Sie zu Kolleg*innen oder Ihrer Leitung das letzte Mal »Nein!« bzw. »Jetzt nicht!« gesagt? Beispielsweise zu einer Kollegin, die zum wiederholten Mal mit Ihnen kurzfristig den Dienst tauschen wollte? Oder zu Ihrer Leitung, die mit Ihnen sofort sprechen möchte, obwohl Sie einem Kind gerade ein Buch vorlesen? Versuchen Sie drei Situationen zu benennen, in denen es Ihnen gelungen ist, etwas abzulehnen oder auf später zu verschieben?

Ist es Ihnen spontan eher schwer oder leicht gefallen, drei Situationen zu benennen? Und wie fühlen Sie sich, wenn Sie eigentlich »Nein« sagen wollen und dies nicht tun? Intuitiv wissen die meisten, dass es oftmals nicht guttut, zu viel Verantwortung und Aufgaben zu übernehmen und immer wieder zu »springen«, wenn andere dies fordern. Aber warum ist es dann immer wieder so schwer, sich abzugrenzen? Erinnern Sie sich an die persönlichen Stressverstärker aus dem vorausgegangenem Kapitel 3.5.3.

Gedanken, wie z. B. »Ich möchte gemocht werden«, »Ich habe Angst vor Ablehnung und Zurückweisung«, »Ich möchte wichtig sein und gebraucht werden«, spielen hierbei eine zentrale Rolle.

Als Gruppenleitung ist es wichtig, sich in einem gesunden Maß im pädagogischen Alltag immer wieder abzugrenzen. Dies unterstützt Sie dabei, mit ihren verfügbaren Kräften gut hauszuhalten und gesund zu bleiben.

Setzen Sie mit Hilfe der Inhalte aus den vorherigen Kapiteln ihre Prioritäten und positionieren Sie sich entsprechend. Und überprüfen Sie Ihre persönlichen Glaubensgrundsätze. Schauen Sie, was Sie für sich verändern können.

Und dann sagen Sie der Kollegin, dass Sie an diesem Tag schon etwas anderes vorhaben und daher den Dienst diesmal nicht tauschen können.

Ein anderes Mal gerne wieder. Teilen Sie der Leitung mit, dass Sie erst das Buch zu Ende lesen und dann kommen.

Erklären Sie ggf., was Sie hindert, dem Wunsch des Gegenübers nachzukommen, aber vermeiden Sie auf jeden Fall jegliche Rechtfertigungsversuche. Sie haben ein Recht darauf, sich aus den verschiedensten Situationen heraus abzugrenzen, um sich dann auf Wesentliches fokussieren und konzentrieren zu können.

Und wenn es Ihnen beim nächsten Mal gelungen ist, sich abzugrenzen, dann klopfen Sie sich auf die Schulter und genießen das Gefühl, sich selbst etwas Gutes getan zu haben.

3.6 Konflikte und Schwierigkeiten bewältigen

Abb. 33: Konflikte

Es gehört zum Bildungsauftrag und somit zum pädagogischen Alltag pädagogischer Fachkräfte in der Kita, den Kindern die soziale Kompetenz zum Umgang mit und zur Bewältigung von Konflikten und schwierigen Situationen zu vermitteln. In dieser pädagogischen Arbeit geht es beispielsweise darum, den Kindern beizubringen, wie sie die Eskalation von Konflikten verhindern, mit den aufkommenden Gefühlen umzugehen lernen und mit den anderen Kindern gemeinsam Kompromisse finden können. Im Rahmen dieses Bildungsauftrags sind sie daher geschult und geübt, verschiedene Situationen einzuschätzen, emotionale Befindlichkeiten zu berücksichtigen und vermittelnde Gespräche mit Kindern und Eltern zu führen.

Und trotz dieser besonderen und berufsbedingten guten Voraussetzungen kommt es auch zwischen den pädagogischen Fachkräften immer wieder aufs Neue zu Konflikten und schwierigen Situationen, die im Kleinteam zu bewältigen sind. Dabei können die Konfliktursachen und der individuelle Umgang mit Konflikten sehr unterschiedlich und individuell von Teammitglied zu Teammitglied sein.

Als Gruppenleitung sollten Sie sich daher zunächst einmal damit auseinandersetzen, was Sie selbst mit Konflikten und Schwierigkeiten im Allgemeinen verbinden und assoziieren.

Anregung zur Selbstreflexion:

Bedeuten auftretende Konflikte für Sie eher die Chance zur Weiterentwicklung oder stellen schwierige Situationen eine Bedrohung für Sie dar? Würden Sie sich als konfliktfähig oder gar krisenerprobt bezeichnen? Welche Ihrer individuellen Eigenschaften tragen zu einer konstruktiven Problemlösung bei? Welche schwierigen Situationen haben Sie schon in ihrem Berufsleben gemeistert? Was oder wer hat Ihnen dabei geholfen?

Über diese wichtige und grundlegende Selbstreflexion hinaus, braucht eine Gruppenleitung gutes Rüstzeug, um in schwierigen Situationen und Konflikten mit Kolleg*innen gut gewappnet zu sein.

Konflikte und Schwierigkeiten im Kleinteam erfolgreich zu meistern, bedeutet auch die Fähigkeit und Bereitschaft, aus diesen Prozessen zu lernen und daraus veränderte Umgangs- und Verhaltensweisen zu entwickeln.

Der konstruktive Umgang mit schwierigen und konflikthaften Situationen birgt großes kreatives Potenzial und ermöglicht oftmals neue Ideen oder Verbesserungen, die ohne diese Auseinandersetzungen gar nicht erst aufgekommen wären.

Im Folgenden geht es daher darum, zunächst die Konfliktphase zu erkennen, in der sich die Gruppenleitung mit Ihrem Team oder mit einem*einer einzelnen Kolleg*in im Einzelfall befindet. Es gibt zudem Anregungen dazu, wie die Gruppenleitung konkret mit schwierigen Kolleg*innen umgehen kann und was unterstützend dabei ist, gemeinsam im Kleinteam eine konstruktive Kritikkultur zu entwickeln.

3.6.1 Konfliktursachen benennen

Bevor eine Gruppenleitung mit ihrem Kleinteam bei Konflikten und schwierigen Situationen eine Problemlösung angehen kann, ist zu klären, welche Ursachen diesen zugrunde liegen. Die Konfliktursachen können sehr vielseitig sein, daher lohnt es sich, genauer hinzuschauen.

Der Mediator Christopher W. Moore (vgl. Mayer 2008, S. 42 ff.) beschreibt fünf wesentliche Konfliktursachen und die dazugehörigen Interventionsmöglichkeiten. Dabei geht er davon aus, dass sich die einzelnen Ursachen häufig überschneiden und sich daher nie ganz voneinander trennen lassen.

Bei einem **Sachverhaltskonflikt** liegen falsche oder unzureichende Informationen vor, wodurch der Sachverhalt nicht eindeutig und nachvollziehbar ist. Ein solcher Konflikt liegt beispielsweise vor, wenn für eine Ausflugsplanung Uneinigkeit über den Termin oder das gewählte Transportmittel besteht. Diese Konflikte sind dadurch zu lösen, dass zusätzliche Informationen eingeholt werden.

Ein **Interessenkonflikt** ist dadurch gekennzeichnet, dass verschiedene, oftmals unvereinbare Interessen aufeinandertreffen, beispielsweise wenn die eine Kollegin den Dienst tauschen möchte, weil sie einen Arzttermin hat und ihr Kollege sich an diesem Tag vorgenommen hatte, aufgrund des schönen Wetters den freien Nachmittag zu nutzen und mit seinen Kindern ins Schwimmbad zu fahren. In diesen Situationen müssen die unterschiedlichen Bedürfnisse herausgearbeitet und nach kreativen Lösungen gesucht werden.

Die Ursachen für einen **Beziehungskonflikt** liegen meist in Gefühlen, wie Angst, Frustration oder Neid, oder sind auf enttäuschte Erwartungen oder Missverständnisse zurückzuführen. Wenn beispielsweise zwei Personen mit einem sehr unterschiedlichen Ordnungsverständnis zusammenarbeiten, kann es zu einem Beziehungskonflikt kommen, wenn der*die eine sich durch die Unordnung des*der anderen gering geschätzt fühlt.

Um einen solchen Konflikt zu lösen, ist es ratsam, vorübergehend die Sachebene zu verlassen und den Gefühlen Raum zu geben. So können die ursächlichen Wünsche und Bedürfnisse erkannt und verstanden werden. Erst dann ist eine Rückkehr zur Sachebene wieder möglich.

Ein **Wertekonflikt** entsteht immer dann, wenn unterschiedliche Wertvorstellungen und Grundsätze aufeinandertreffen. Wenn es beispielsweise im Kleinteam zwischen zwei Kolleg*innen zu der Auseinandersetzung kommt, ob das Kind nun jedes Mal aufs Neue wieder probieren muss oder nicht, oder ob es selbst entscheiden kann, ob es für draußen die Jacke braucht oder nicht. Dann gilt es im Dialog eine gemeinsame Wertebasis zu finden, die dann zu einer gemeinsamen Lösung führen kann. Hierbei kann auch das Wertequadrat von Schulz von Thun hilfreich sein, das in Kapitel 3.6.4 näher beschrieben und erläutert wird. Gelingt hier keine gemeinsame Einigung, ist eine übergeordnete Entscheidung entweder seitens der Gruppenleitung oder der Einrichtungsleitung notwendig.

Strukturkonflikte basieren auf Unstimmigkeiten, die durch strukturelle Rahmenbedingungen verursacht werden. Wenn beispielsweise die Leitung möchte, dass ein*e Kolleg*in der Gruppe die Notfallbetreuung für den Brückentag übernimmt und beide Kolleg*innen jedoch selbst Urlaub brauchen, da sonst die Betreuung ihrer schulpflichtigen Kinder nicht gewährleistet ist, kommt es zu einem Konflikt, der schwierig zu lösen ist. Hier sind Abstimmungen ggf. unter Einbeziehung des Gesamtteams, der Leitung oder des Trägers zu treffen, um die Spannungen langfristig zu reduzieren.

Beim nächsten, im Kleinteam schwelenden Konflikt sollten Sie sich die verschiedenen Konfliktursachen zur Hilfe nehmen, um genauer zu analysieren, wie der Konflikt möglicherweise am besten lösbar wäre. Schauen Sie auch, ob eine oder mehrere Ursachen mit im Spiel sind, die in den Lösungsansatz mit einzubeziehen sind.

3.6.2 Konfliktphasen erkennen

Wie bereits vorher herausgestellt, kommt es in jedem Kleinteam über kurz oder lang zu Konflikten und Schwierigkeiten, die sich mehr oder weniger offen oder verdeckt zeigen. Handlungsbedarf besteht immer dann, wenn die Konflikte und Schwierigkeiten so viel Energien und Kräfte binden, dass die eigentliche pädagogische Arbeit mit den Kindern und Eltern darunter leidet.

Daher braucht jede Gruppenleitung ein gewisses Grundwissen zum Konfliktmanagement und Umgang mit Schwierigkeiten, um Konflikte möglichst konstruktiv mit ihren Teammitgliedern bearbeiten zu können.

In Anlehnung an das Modell zur Konflikteskalation bzw. -lösung des Organisationsberaters und Konfliktforschers Friedrich Glasl (2017) gibt es neun Konfliktphasen, nach denen die meisten Teamkonflikte verlaufen, wenn sie nicht adäquat bearbeitet werden können:

1. **Verhärtung** – in dieser Phase treffen die unterschiedlichen Meinungen aufeinander und erste Standpunkte der verschiedenen Konfliktparteien verhärten sich. In der Regel besteht hier noch eine große Chance, durch konstruktive Gespräche über die Konfliktursache, gemeinsam Lösungswege zu entwickeln. Als Gruppenleitung sollten Sie in dieser Phase das klärende Gespräch suchen, in dem Wissen und Vertrauen, dass der Dialog zielführend ist.
2. **Debatte** – hier beginnt die Polarisierung der Konfliktparteien im Denken, Fühlen und Handeln. Es kommt zu einem ersten Gegeneinander, das durch klares Schwarz-Weiß-Denken gekennzeichnet ist. Das Denken und das Handeln der jeweiligen Gegenpartei werden abgewertet. Nun ist der offene Dialog unter Berücksichtigung bestimmter wertschätzender Kommunikationsvereinbarungen gefordert. Achten Sie darauf, dass beide Seiten ihren Standpunkt offen darlegen und begründen.
3. **Aktionen** – jetzt werden von den einzelnen Gegenparteien Fakten geschaffen, da die Überzeugung vorherrscht, dass Reden sowieso nichts mehr bringt. Jeder handelt so, wie er*sie es für richtig hält und zeigt kein Verständnis für das Denken und Handeln des jeweils anderen. In dieser Phase kommt es sehr häufig zu Fehlinterpretationen und Missverständnissen. Für Sie als Gruppenleitung ist nun umsichtiges und einfühlsames Handeln besonders wichtig. Jedes Teammitglied muss zu Wort kommen und seine Gefühle und Gründe darlegen können. Nur so ist in diesem Stadium eine weitere Eskalation noch vermeidbar.
4. **Koalitionen** – die weitere Eskalation ist im vollen Gange: Gerüchte kursieren, Stereotype und Klischees entwickeln sich, Parteien und Koalitionen sind entstanden. Es kommt gesteigert zum Gegeneinander, wobei es darum geht, den anderen und seinen Standpunkt schlecht zu machen und möglichst viele Anhänger*innen und Befürworter*innen auf die eigene Seite zu ziehen. Jetzt bleibt Ihnen nur die Möglichkeit, Gerüchte und abwertende Zuschreibungen zu unterbinden und die Querelen aus der pädagogischen Arbeit mit Kindern und Eltern herauszuhalten. Legen Sie die Dynamik in der Kleinteamsitzung offen und holen Sie sich ggf. die Unterstützung seitens der Leitung hinzu. Drängen Sie auf gemeinsam erarbeitete Lösungsvorschläge.
5. **Demütigung** – in dieser Phase wird die Gegenpartei offen angegriffen, diffamiert und gedemütigt. Es geht darum, den anderen nach allen Regeln der Kunst öffentlich bloßzustellen. Als Gruppenleitung kommt Ihnen

hierbei die Aufgabe zu, besonders betroffene Personen möglichst zu schützen und einen möglichst respektvollen Umgang miteinander einzufordern. Die Hilfe von außen durch eine*n Coach oder Supervisor*in kann hier sehr hilfreich sein.
6. **Drohungen** – mit Hilfe von Drohungen und Gegendrohungen versuchen die einzelnen Konfliktparteien die Oberhand zu gewinnen. Dies geschieht oftmals durch Ausgrenzung oder Mobbing. Dieser Zustand ist als Gruppenleitung nicht zu dulden und bedarf der klaren Unterstützung und Begleitung von außen. Beziehen Sie über die Leitung den Träger mit ein, damit Sie auf jeden Fall Rückendeckung für weitere Vorgehensweisen auch mit Blick auf zukünftige Versetzungs- und Abmahnverfahren haben.
7. **Vernichtungsversuche** – hier ist das gegenseitige Verständnis, das Einfühlungsvermögen für das Gegenüber und die Bereitschaft, auf den anderen zuzugehen, verloren gegangen. Es geht in erster Linie darum, dem anderen Schaden zuzufügen. Der Gruppenleitung fehlen hier die probaten Methoden und Mittel zur Klärung der Situation und eine professionelle Mediation wird erforderlich. Im Einzelfall landen Konflikte in dieser Phase vor Schiedsgerichten, die klare Anweisungen erarbeiten, die dann von allen Beteiligten einzuhalten sind.
8. **Zerstörung** – jetzt geht es nur noch um die Zerstörung des jeweils anderen. Der Konflikt wird nahezu krankhaft und verbissen ausgetragen. Das Gegenüber wird als »Feind« betrachtet, den es zu bekämpfen gilt. Hier helfen nur noch Dienstanweisungen und ggf. arbeitsrechtliche Schritte.
9. **Konfrontation und Absturz** – hier ist die Situation komplett verfahren. Der Konflikt mündet in einer offenen Schlacht, bei der es zu Verlusten und Verletzungen auf beiden Seiten kommt und kein Aufeinander-Zugehen mehr möglich ist. Die einzig adäquate Lösung besteht darin, das Kleinteam komplett aufzulösen, ggf. durch Versetzung in andere Gruppen oder Einrichtungen, um so einen Neuanfang ermöglichen zu können.

In Konfliktsituationen gibt es oftmals die Tendenz, entweder sofort aktiv zu werden und den Konflikt möglichst bald »lösen« zu wollen, oder aus dem Harmoniebestreben heraus den Konflikt zu leugnen und damit die Lösung unmöglich zu machen. Letzteres ist nur allzu nachvollziehbar, denn Konflikte in Teams bedeuten meist Stress. Und wer hat schon Lust auf zusätzlichen Stress in der Arbeit?

Instinktiv greifen die meisten Menschen in Konfliktsituationen auf innere Mechanismen und Strategien zurück, die sie im Laufe ihres Lebens erlernt und verinnerlicht haben. Dabei handelt es sich jedoch nicht zwangsläufig

um den besten Weg. Daher sollten Sie als Gruppenleitung zunächst einmal den Konflikt als Konflikt wahrnehmen, Ruhe bewahren, durchatmen und sich die Zeit für eine ausführliche Analyse nehmen:
- Worum geht es in dem Konflikt? Welche Themen sind für beide Seiten wichtig? Gibt es Gemeinsamkeiten, gibt es Unvereinbares?
- Welche Konfliktursache wird sichtbar? Handelt es sich um einen Sachverhalts-, Interessen-, Beziehungs-, Werte- oder Strukturkonflikt?
- Was ist passiert? Welche Ereignisse oder Verhaltensweisen haben zu dem Konflikt geführt? Was wirkt eskalierend oder deeskalierend? Wie erleben die Konfliktparteien die aktuelle Situation?
- Wer ist an dem Konflikt beteiligt? Gibt es Koalitionen und Solidarisierungen? Gibt es Akteure im Hintergrund? Wer sind die Betroffenen? Gibt es Nutznießer? In welcher Beziehung stehen die Konfliktparteien zueinander?
- Art des Konflikts: Handelt es sich z. B. um einen Wertschätzungs-, Beurteilungs- oder Machtkonflikt?

Eine solche Konfliktanalyse ist wertvolle Vorarbeit und hilft, bei der Konfliktbearbeitung und -lösungsfindung herauszufinden, was für die jeweilige Konfliktpartei »verhandelbar« ist und was nicht.

Im Konfliktfall ist folgende Grundhaltung als Gruppenleitung sehr hilfreich, um sich möglichst wenig von der Konfliktsituation an sich überrollen zu lassen und handlungsfähig zu bleiben:
- Bleiben Sie im regelmäßigen Dialog und Austausch mit Ihren Teamkolleg*innen. Geben Sie klares Feedback zu deren pädagogischer Arbeit und fordern Sie sich Feedback ein.
- Akzeptieren Sie Gegensätzlichkeit als Basis für Vielfalt und Freiheit.
- Treten Sie in den Dialog über verschiedene Standpunkte und suchen Sie nach Gemeinsamkeiten in der Unterschiedlichkeit und Individualität.
- Versuchen Sie, möglichst allparteilich zu sein und allen Standpunkten mit deren Wünschen und Bedürfnissen gleichermaßen Raum zu geben.
- Würdigen Sie die guten Gründe, die sich hinter diesen Standpunkten verbergen.
- Beharren Sie auf eine wertschätzende Kommunikation untereinander.
- Achten Sie darauf, dass die Konfliktparteien auf abwertende Äußerungen, Gestik, Mimik und Körperhaltung verzichten.
- Streben Sie anstelle eines »Entweder-oder« ein »Sowohl-als-auch« an, damit die Standpunkte nicht gegeneinander ausgespielt werden können.
- Bleiben Sie immer in der Rolle als Gruppenleitung, der schließlich die fachlichen und sachlichen Entscheidungen obliegen, die Sie dann auch

unabhängig von den jeweiligen Meinungsverschiedenheiten und Standpunkten entscheiden und umsetzen.
- Holen Sie sich nach Bedarf Rückendeckung und Unterstützung bei Ihrer Leitung und ggf. durch den Träger.

Sollten Sie selbst in einer unlösbaren Konfliktsituation mit einzelnen oder mehreren Teammitgliedern stecken, wo die ersten gemeinsamen Gespräche keine Lösung herbeiführen konnten, wenden Sie sich an Ihre Leitung und bitten Sie um Beratung und Unterstützung. Im Einzelfall kann gerade in einer solchen Situation, je nach Eskalationsstufe, die Beratung und Begleitung von außen durch eine*n Coach, Supervisor*in oder Mediator*in sehr hilfreich und weiterführend sein.

3.6.3 Mit »schwierigen« Kolleg*innen umgehen

In der Position als Gruppenleitung begegnen einem immer wieder Konstellationen mit Kolleg*innen, die die Zusammenarbeit nicht immer leicht machen: da gibt es den*die Bewahrer*in, der*die möchte, dass alles beim Alten bleibt, den*die Nörgler*in, der*die überall ein Haar in der Suppe findet, den*die Besserwisser*in, der*die alles besser kann und weiß, der*die Vermeider*in, der*die nur das Nötigste zu tun scheint ... Diese Liste ließe sich vermutlich noch endlos fortsetzen. Auf jeden Fall können diese Kolleg*innen oftmals zur dauerhaften Belastung werden.

Die Gründe für das einzelne Verhalten sind oftmals nur schwer herauszufinden, zumal diese Gründe in der Regel sehr von dem eigenen Wertesystem abweichen, d. h. man käme selbst gar nicht darauf, so zu denken und zu handeln. Oder aber die Begründung ist von privater Natur, was uns nicht immer zwangsläufig etwas angeht.

Hier hilft als erster Schritt meist schon, wenn sie die Grundannahme für sich entwickeln, dass der*die andere aus der eigenen Perspektive heraus grundsätzlich gute Gründe haben wird, so zu denken und zu handeln, wie er*sie es tut. So möchte der*die Bewahrer*in Sie in der Regel mit seinem*ihrem Tun nicht verärgern, sondern er*sie handelt wahrscheinlich aus dem Hintergrund heraus, dass ihn*sie Veränderung verunsichert, er*sie das Bisherige gut fand und es ihm*ihr Halt und Sicherheit gibt. So gibt es viele Gründe, die es zu ergründen gibt und die oftmals wenig mit Ihnen direkt als Person zu tun haben. Es lohnt sich, dies einmal hypothetisch für sich zu hinterfragen.

Anregung: Die guten Gründe ergründen

Nehmen Sie ein DIN A4-Blatt im Querformat und unterteilen Sie dieses Blatt in drei Spalten (oder verwenden Sie die Vorlage aus dem digitalen Zusatzmaterial).

Dann tragen Sie in die linke Spalte das Verhalten des*der Kolleg*in ein, das Sie stört oder gar ärgert. In die zweite Spalte schreiben Sie die Botschaft, die bei Ihnen ankommt. In der dritten Spalte sammeln Sie schließlich mögliche Gründe für das Verhalten des*der Kolleg*in. Hilfreich ist hierbei, den Satzanfang »Der*Die Kolleg*in tut bzw. sagt das, weil …« zu vervollständigen. Anschließend vergleichen Sie Spalte zwei und drei miteinander.

Die guten Gründe ergründen

Oft gelingt Ihnen durch diesen kleinen Kunstgriff ein Perspektivwechsel für die Sichtweise und die Erlebenswelt Ihres Gegenübers. Das ermöglicht einen ersten verstehenden Zugang für den anderen. Dieses Verstehen bedeutet jedoch nicht zwangsläufig, dass ich deswegen mit dem Denken und Handeln des anderen einverstanden sein muss.

Ergänzend hierzu lohnt es sich, sich das sogenannte Eisbergmodell in Erinnerung zu rufen (s. Kapitel 3.4.1).

Nun kann dieser verstehende Zugang immer nur ein erster Schritt sein, um einen anderen Blick für das Gegenüber zu bekommen. Dies stößt aber immer dann an seine Grenzen, wenn durch das Denken und Tun des anderen die pädagogische Arbeit mit den Kindern und Eltern stagniert bzw. die Kinder offensichtlich unter diesen »Grabenkämpfen« leiden. Spätestens dann besteht Handlungsbedarf. Sich still zu verhalten und den Ärger unausgesprochen zu lassen, ist weder gut für die Gesundheit noch für die Arbeitsatmosphäre. Je länger ein solcher Zustand schwelt, desto aufwändiger und schwieriger wird es, miteinander umzugehen.

Als Gruppenleitung ist es daher Ihre Aufgabe, dies möglichst frühzeitig zu erkennen und eine ernsthafte Eskalation zu vermeiden.

Die folgenden Anregungen können Ihnen helfen, mit schwierigen Kolleg*innen verständnisvoller umzugehen. Das wiederum bedeutet nicht zwangsläufig, dass Sie, nur weil für Sie das Verhalten des Gegenübers nachvollziehbar und verständlich ist, mit allem einverstanden sein müssen. Zum Beispiel können Sie der angespannten privaten Situation Ihres Kollegen gegenüber Verständnis haben, trotzdem kann und darf dies nicht zur Entschuldigung herangezogen werden, wenn dieser Kollege deswegen ein Kind ungerecht behandelt oder ihm gegenüber laut wird. In diesem Fall müssen Sie den Kollegen dringend darauf ansprechen und ihn bitten, dafür Sorge zu tragen, dass diese persönliche Befindlichkeit nicht an den Kindern abreagiert wird.

In einzelnen Situationen fühlen Sie sich von Ihren Teammitgliedern in Ihrer Rolle oder Ihrer Fachlichkeit nicht ernst genommen, ihre Denk- und Handlungsansätze weichen voneinander ab oder die Chemie zwischen Ihnen stimmt einfach nicht. Neben dem Perspektivwechsel unterstützt folgende Grundhaltung, trotz der Verschiedenheit schließlich und letztlich, sich auf die zentrale Aufgabe: auf die Arbeit mit Kindern und Eltern zu konzentrieren.

Lassen Sie die Unterschiedlichkeiten der einzelnen Personen zu. Sie sind Arbeitskolleg*innen und müssen daher keine besten Freund*innen sein. Für eine gute Teamarbeit ist es nicht einmal zwangsläufig notwendig, dass Sie immer und in allen Punkten die gleichen Ansichten vertreten. Ein gutes Zusammenspiel von Gegensätzlichkeiten und Unterschiedlichkeiten ist oftmals effizienter. Und auch für die Kinder birgt die Vielfalt eine große Chance, da sie so die Chance haben, zu wählen und zu gucken, wer sie mit was in ihrer Entwicklung weiterbringen kann.

Sprechen Sie die empfundenen Schwierigkeiten rechtzeitig an. Hierdurch klärt sich oftmals schon im Frühstadium das ein oder andere Missverständnis auf und der*die vermeintlich schwierige Kolleg*in entpuppt sich als sehr umgänglich und nett.

Nehmen Sie das Ganze auf keinen Fall persönlich. Oftmals geht es in den schwierigen Situationen nicht direkt um Sie als Person. Wenn beispielsweise ein*e Kolleg*in, sich ursprünglich auf die Stelle der Gruppenleitung beworben hat und sich dann jedoch für Sie als Stelleninhaber*in entschieden wurde, kann der*die abgelehnte Kolleg*in zu Ihnen in Konkurrenz stehen oder Ihnen mit Ablehnung begegnen. Verdeutlichen Sie sich immer, dass zum einen, Sie sich nicht für die Entscheidung anderer verantwortlich machen lassen müssen. Andererseits würde jede andere Person an ihrer Stelle genauso mit diesem Widerstand bzw. der Ablehnung konfrontiert werden. Es hat demzufolge nichts mit Ihnen als Person zu tun.

Nehmen Sie dem anderen den Wind aus den Segeln. Lassen Sie sich nicht auf Tratsch und Lästereien über andere unliebsame Kolleg*innen ein. Dies vermittelt zwar vorübergehend das Gefühl von Solidarität und Entlastung, auf lange Sicht beeinträchtigt dies die Arbeitsatmosphäre. Bleiben Sie möglichst respektvoll und freundlich, so bieten Sie Ihrem Gegenüber möglichst wenig Angriffsfläche.

Berücksichtigen Sie immer auch Ihren eigen Anteil. Bei Schwierigkeiten mit anderen Kolleg*innen sind Sie selbst auch immer ein Stück weit beteiligt. Wenn Sie das Gefühl haben, der andere stellt Ihre Fachlichkeit infrage, inwieweit spiegelt sich hier Ihre eigene Unsicherheit.

Beachten Sie aber auch Ihre eigene selektive Wahrnehmung. Inwieweit haben Sie sich bereits auf die negativen Seiten Ihres Gegenübers eingeschossen. Sind Sie überhaupt noch bereit, auch auf die Stärken und Fähigkeiten des Gegenübers zu schauen und diese wertzuschätzen? Oder aber erinnert Ihr*e Kolleg*in Sie vom Aussehen oder Verhalten an jemanden aus der Vergangenheit oder aus dem privaten Umfeld, der Ihnen unsympathisch ist oder der Sie verletzt hat? Inwieweit kommt es hier von Ihrer Seite zu Projektionen, die durch das Erkennen veränderbar sind?

Lernen Sie den lästigen Löwenzahn zu lieben. Bezugnehmend auf eine kleine Geschichte, in der eine Gärtnerin versucht, den ungeliebten Löwenzahn in ihrem Garten zu beseitigen und dabei alles Mögliche ausprobiert, sich schließlich sogar den Rat beim Gärtner des Königs holt und dieser auch keine weiteren Ideen mehr hat, bleibt ihr nur noch die Möglichkeit, den Löwenzahn so zu belassen, wie er ist.[14]

Ähnlich ist dies im Umgang mit schwierigen Kolleg*innen. Wenn Sie schon viele Versuche zur Bereinigung unternommen haben, sich ggf. Unterstützung bei der Leitung oder außerhalb gesucht haben und sich trotzdem nichts wesentlich verändert, gehen Sie am besten auf emotionalen Abstand. Akzeptieren Sie, was Sie nicht steuern oder verändern können und ändern Sie, was Ihnen möglich ist, zu verändern.

Schwierige Situationen und der Umgang mit schwierigen Kolleg*innen gehören zum Arbeitsleben dazu. Völlige Konfliktfreiheit ist einfach unmöglich, denn wo unterschiedliche Charaktere mit ihren persönlichen Vorstellungen und Interessen aufeinandertreffen, sind Spannungen an der Tagesordnung und somit Normalität. Diese Einsicht ist bereits ein erster Schritt zur Konfliktbewältigung. Sie kommen so der Erkenntnis näher, dass nicht nur Sie, sondern auch Ihre Kolleg*innen am liebsten ihre eigenen Erwartungen erfüllt sehen möchten. Und genauso ungerne, wie Sie selbst von Ihren Vorstellungen abweichen möchten, genauso ungerne tun das Ihre Kolleg*innen.

---

14 Niemeyer, S. u. a. (2010): Typisch! Kleine Geschichten für andere Zeiten (9. Aufl.). Hamburg: Andere Zeiten Verlag.

3.6.4 Unterschiedliche Werte verstehen lernen

In vielen Konflikten im Kleinteam geht es im Kern häufig um Werte- und Interessenkonflikte. Umso gegensätzlicher diese Werte und Interessen zunächst sind, desto eher kommt es zu massivem gegenseitigen Unverständnis. Dies ist zunächst einmal ein ganz natürlicher Prozess, der in der Praxis immer wieder anzutreffen ist. Daher kann es für eine Gruppenleitung sehr hilfreich sein, diesbezüglich mit Hilfe des Werte- und Entwicklungsquadrats nach Schulz von Thun, die gegensätzlichen Werte anders verstehen zu lernen und so eine gegenseitige Würdigung der damit verbundenen Stärken herbeizuführen.

Das Wertequadrat geht ursprünglich auf Paul Helwig im Jahr 1967 zurück und wurde von Friedemann Schulz von Thun 1989 aufgegriffen und weiterentwickelt (vgl. Remmert 2001–2011). Dabei wird im Grundsatz davon ausgegangen, dass einem Wert immer ein anderer Wert gegenübersteht, der einen direkten Gegensatz zum Ausdruck bringt. Zwischen diesen beiden gegensätzlichen Werten besteht oftmals eine so große Polarität, die dann im kollegialen Miteinander zum gegenseitigen Unverständnis führt.

Wenn beispielsweise ein*e Kolleg*in Schwierigkeiten damit hat, sich auf Veränderungen einzulassen und gerne das Bewährte beibehalten möchte, ist dies für eine*n Kolleg*in, der*die gerne etwas verändert nur schwer nachvollziehbar. Der*Die eine erlebt das Verhalten des*der anderen als starr, unbeweglich, bremsend und blockierend. Umgekehrt empfindet die andere Seite das Verhalten des*der anderen als sprunghaft und wenig verbindlich. Im Miteinander geht es nun darum, sich gemeinsam auf die Suche zu begeben, was die guten Seiten des jeweils gegenteiligen Verhaltens ausmachen. In unserem Beispiel beinhaltet das Bewahren, dass Wege, die bislang automatisiert wurden, nicht um jeden Preis aufgegeben werden, da hier Verbindlichkeit und Sicherheit enthalten ist, die manche Zusammenarbeit im Alltag, vor allem, wenn es schnell gehen muss, vereinfachen. Die Vorgehensweisen sind bekannt und eingeübt. Es bedarf keiner zusätzlichen Absprachen, was Zeit sparen kann. Der*Die Bewahrer*in sorgt auch dafür, dass die ein oder andere auch schöne Tradition erhalten bleibt. Dass ggf. durch Hinterfragen auch mal das Tempo bei Veränderungen herausgenommen wird und dass nicht jede Veränderung mitgetragen werden muss, wenn sie sich als nicht sinnvoll herauskristallisiert. Auf der anderen Seite ist die Position der Person wichtig, die bereit ist, anstehende Veränderungen in Angriff zu nehmen und umzusetzen. Diese Personen zeichnen sich durch Neugierde und Offenheit aus und schauen gerne auch mal über den Tellerrand. Sie tragen wesentlich dazu bei, festgefahrene Strukturen aufzubrechen und ggf. zu vereinfachen. Sie geben oftmals den Anstoß zu notwendigen Weiterentwicklungen im Team.

Anhand dieses Beispiels ist gut zu erkennen, dass es hier nicht um ein Entweder-oder geht. Es gilt, möglichst die goldene Mitte zu finden. Beide Werte haben ihre guten Seiten und sind wichtig für die Entwicklung im Team.

Und genau das wird mit Hilfe des Wertequadrats nach Schulz von Thun (2010, S. 43–59) angestrebt. Am besten lässt sich das Wertequadrat an Abb. 34 erklären und nachvollziehen.

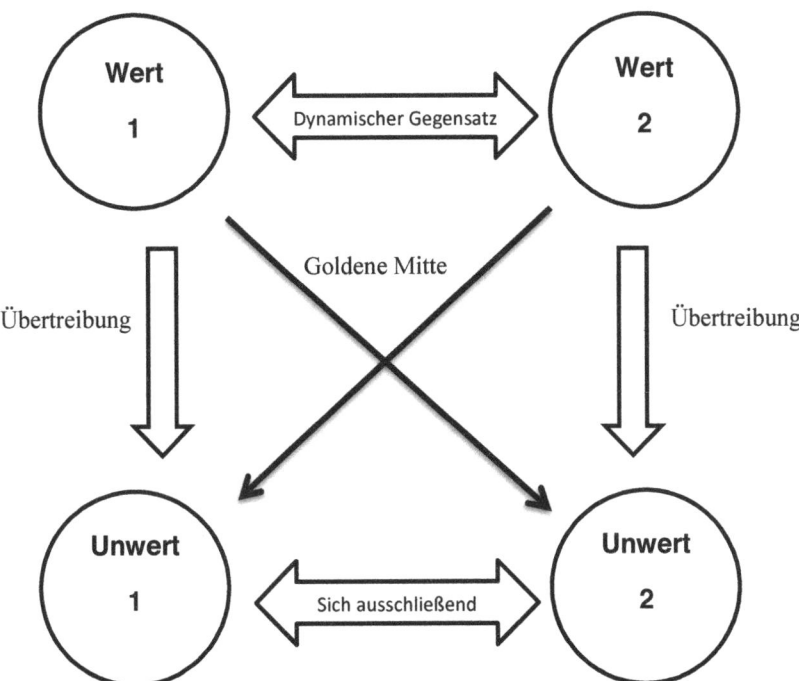

Abb. 34: Wertequadrat allgemein (in Anlehnung an S. v. Thun 2010, S. 43–59)

Wert 1 und Wert 2 stehen in einem dynamischen Spannungsverhältnis. Aus Wert 1 und Wert 2 können sich im Extremfall jeweils Übertreibungen und Überspitzungen ergeben, hier als Unwert 1 und Unwert 2 benannt, die das Miteinander sehr erschweren. Bei näherer Betrachtung liegt die Lösung darin, dass jede*r sich ein Stück weit auf den anderen zubewegt und die guten Teile des anderen würdigt, akzeptiert und ggf. teilweise übernimmt.

Konflikte und Schwierigkeiten bewältigen | 123

Auf diese Weise kann sich eine Atmosphäre des gegenseitigen Verstehens entwickeln. Der Respekt und die Würdigung gegenüber den Werten des*der anderen trägt zur Kompromissfindung bei.

Auf das vorausgegangene Beispiel gestaltet sich das Wertequadrat dann im Einzelnen wie folgt:

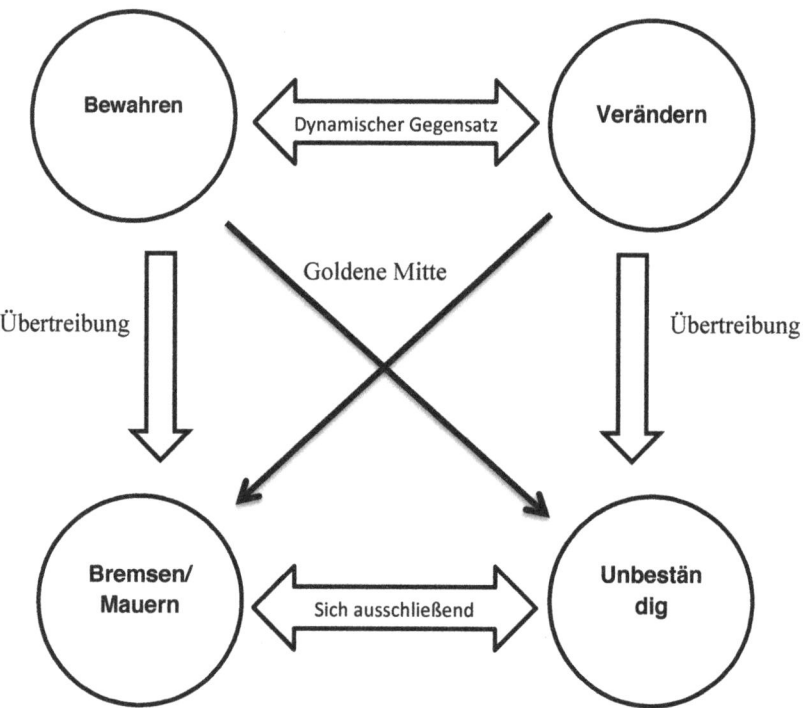

Abb. 35: Wertequadrat Bewahren – Verändern

Für die Anwendung in Ihrer Praxis reicht als Ausgangspunkt zunächst einmal ein einzelner Wert oder Unwert, der Ihnen persönlich wichtig ist oder an dem Sie sich regelmäßig reiben. Es geht um Ihre subjektive Wahrnehmung, von der ausgehend dieses Quadrat entwickelt wird. Es gibt daher kein richtig oder falsch. Das Ganze muss für Sie stimmig sein. Die Gewichtung der Werte ist personen- und situationsabhängig.

Wert 1	Wert 2
Vertrauen	Vorsicht
Verantwortung für sich selbst	Verantwortung für andere
Ehrlichkeit	Höflichkeit
Autonomie	Bindung
Bewahren	Verändern
Kontakt	Distanz
Langfristig	Kurzfristig
Fordern	Fördern
Teamarbeit	Selbständigkeit
Ruhe	Schnelligkeit
Spontaneität	Besonnenheit
Durchsetzungsvermögen	Rücksicht
Struktur	Kreativität
...	...

Abb. 36: Beispiele für entgegengesetzte Werte

Um sich mit der Logik und den Anwendungsmöglichkeiten vertraut zu machen, gehen Sie wie folgt vor:

Erinnern Sie einen Konflikt, der Sie immer noch beschäftigt. Erstellen Sie ein Wertequadrat dazu.

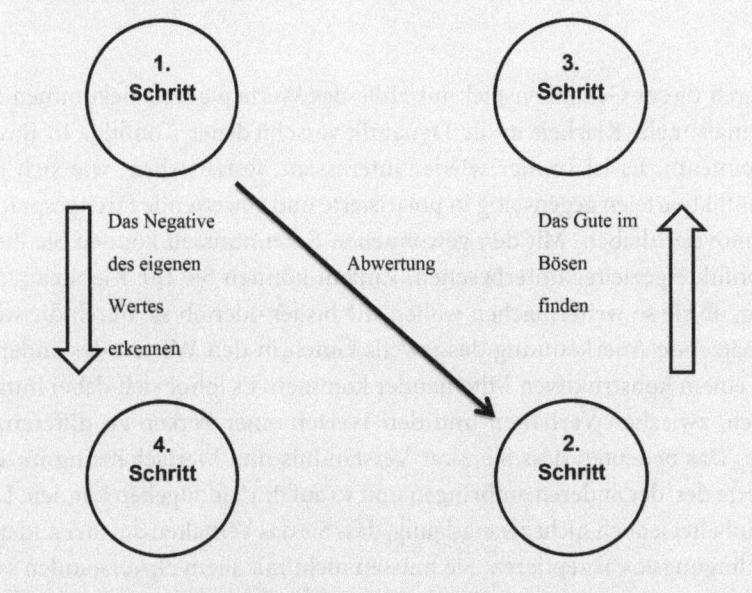

Abb. 37: Anwendungsschritte zur Erstellung des Wertequadrats

Anleitung zur Anwendung:
- Machen Sie sich bewusst, welcher Wert Ihnen in dieser Situation sehr wichtig war, der verletzt wurde oder zu kurz kam. Welchen galt es aus Ihrer Sicht zu verteidigen? Hierbei handelt es sich um Wert 1 in Form seiner positiven Ausprägung. (1)
- Im nächsten Schritt benennen Sie, was Sie an dem*der Konfliktpartner*in geärgert und gestört hat. Dazu gehört, was Sie an ihm*ihr unmöglich finden und wo Verbesserungsbedarf besteht. Sie befinden sich hier schnell in einer Abwertung, die Sie zu der Formulierung des Unwerts 2 führt. (2)
- Diese ersten beiden Punkte sind noch recht einfach. Versuchen Sie nun, das Gute im »Bösen des*der anderen« zu sehen. Es geht also darum, herauszufinden, welcher Wert dem*der anderen wichtig ist. Also die positive Ausprägung dessen, was der*die andere aus Ihrer Sicht übertreibt, sodass es für Sie zu einem Problem wird. (3)
- Und dann schauen Sie einmal im übertragenen Sinne in den Spiegel. In welchen Unwert verwandelt sich Ihr Wert, für den Sie in dieser konflikthaften Situation eintreten, wenn wir es übertreiben? Finden Sie nicht sofort eine Antwort, hilft manchmal auch ein sogenannter imaginärer Perspektivwechsel. Überlegen Sie, was der*die andere Ihnen vorwerfen würde, wenn wir ihn*sie fragen würden? (4)

Durch dieses Gedankenspiel mit Hilfe des Wertequadrats bekommen Sie oftmals mehr Klarheit in die Dynamik verschiedener Konflikte in Ihrem Kleinteam. Es ist immer wieder interessant, festzustellen, wie sich die Konfliktparteien gegenseitig in polarisierte und abwertende Streitgespräche manövriert haben. Mit den gewonnenen Erkenntnissen können Sie diese Konflikte gezielter unterbrechen. Zudem können Sie Ihr Kleinteam fragen, ob sie so weitermachen wollen wie bisher oder ob sie durch die wertschätzende Anerkennung des jeweils Guten in den Werten der anderen zu einem konstruktiven Miteinander kommen. Es lohnt sich dabei immer auch, zwischen Verhalten und den Werten einer Person zu differenzieren. Das bedeutet, dass Sie zwar Verständnis und Wertschätzung für die Werte des*der anderen aufbringen und so auf ihn*sie zugehen können. Das beinhaltet jedoch nicht zwangsläufig, dass Sie das Verhalten des*der anderen bedingungslos akzeptieren. Sie müssen nicht mit allem einverstanden sein, was der*die andere tut. Als Gruppenleitung wird es nicht zu vermeiden sein, aus verschiedensten Situationen heraus das Verhalten der Teamkolleg*innen zu kritisieren. Wie dies am ehesten umsetzbar ist, um das Gegenüber möglichst wenig in seinem*ihrem Selbstwertgefühl anzugreifen, beschreibt das folgende Kapitel.

3.6.5 Konstruktiv Kritik üben

Eine Gruppenleitung wird aus Ihrer Rolle und Position heraus nicht darum herumkommen, an Ihren Teamkolleg*innen situationsabhängig Kritik äußern zu müssen. Das ist jedoch nicht immer ganz leicht. Oft wird daher eher Kritik vermieden, um beispielsweise das Gegenüber nicht zu kränken oder damit schlechte Stimmung auszulösen. Aber warum wird Kritik eigentlich so negativ empfunden?

Unter Kritik versteht man zunächst einmal die Beurteilung des Denkens, Tuns und Handelns einer anderen Person anhand von Kriterien und Maßstäben. Eine solche Beurteilung muss nicht zwangsläufig negativ ausfallen. Meistens wird das Wort Kritik jedoch eher mit Beanstandung und Bemängelung verbunden.

Daher lohnt es sich, sich zunächst einmal mit der eigenen Sicht auf Kritik auseinanderzusetzen: Was bedeutet Kritik für Sie? Welche Erfahrungen haben Sie im Laufe Ihres Lebens mit Kritik gemacht? Erleben Sie Kritik als Möglichkeit zur Weiterentwicklung? Oder deuten Sie Kritik, die Ihnen entgegengebracht wird, eher als Angriff? Würden Sie sich selbst als kritikfähig bezeichnen? Wann erleben Sie sich selbst als kritikfähig? Ist das stimmungs-, situations- oder personenabhängig? Fällt es Ihnen leichter, Kritik zu geben oder anzunehmen?

Mark Twain äußerte in diesem Zusammenhang einmal, dass er kein Problem mit Kritik habe, solange sie ihm gefalle. Und da verbirgt sich ein zentrales Problem für den Umgang mit Kritik. Damit das Gegenüber die Kritik annehmen kann, muss diese von dem*der Empfänger*in als möglichst angenehm empfunden werden, unabhängig davon, ob sie im Kern berechtigt oder gut gemeint ist.

Es lohnt sich als Gruppenleitung, gemeinsam mit den Teammitgliedern an der generellen Kritikfähigkeit zu arbeiten. Grundsätzlich ist jeder dazu in der Lage, auf die eine oder andere Weise Kritik zu üben. Viel entscheidender als der Inhalt der Kritik sind jedoch oft die Art und Weise, wie die Kritik angebracht wird. Es macht einen großen Unterschied, ob nur destruktiv rumgemeckert wird oder wirklich konstruktive Lösungsvorschläge gegeben werden.

Kommt es nun zu der Notwendigkeit, konstruktiv Kritik zu üben, sollten folgende Anregungen wie ein kleiner Leitfaden berücksichtigt werden:

Nachvollziehbare Beschreibung der Situation
Damit die Kritik ankommen kann, sollte die Ausgangssituation möglichst genau geschildert werden. Dabei kann es hilfreich sein, sich die Situation wie eine Filmsequenz vor das innere Auge zu holen und diese sachlich zu beschreiben. »Gestern beim Mittagessen, habe ich beobachtet ...«

Im stressigen Tagesgeschäft sind alle mit vielen Themen beschäftigt. Es ist daher wenig sinnvoll, direkt mit der Tür ins Haus zu fallen. Es ist wichtiger, den*die anderen in die Szene zu holen und somit sicherzustellen, dass der*die andere überhaupt folgen kann.

Zeitnah ansprechen
Es ist wichtig, möglichst zeitnah Kritikpunkte anzusprechen und zu klären. Mit zunehmendem Abstand zum Geschehen besteht die Gefahr, dass der*die andere sich kaum noch an das Geschehene erinnern kann und der erwünschte Lerneffekt dann eher gering ist. Im Einzelfall kann es jedoch sinnvoll sein, wenn der*die Kritikübende eine Nacht über die Sache schläft, bevor er*sie das Gespräch sucht. Damit wird vermieden, dass aus einem Affekt heraus gehandelt wird und die Emotionen dann auf beiden Seiten unnötig hochkochen.

Vermeidung von Verallgemeinerungen
Durch Verallgemeinerungen, wie »Immer kommst du zu spät!«, »Nie ...«, »Ständig ...!«, fühlt sich das Gegenüber schnell ungerecht behandelt, geht in Abwehrhaltung und verschließt sich einem konstruktiven Dialog. In dieselbe Kategorie fällt auch Pauschalkritik vom Typ: »Ich habe Dir das jetzt schon 1000 Mal erklärt.« Viel hilfreicher ist es hier, konkrete Beispiele zu benennen, an denen die entsprechenden Auswirkungen sichtbar werden.

Vermeidung von Schuldzuweisungen
Bei Fragen, wie »Wie konnte Dir das nur passieren?!« oder »Was hast du dir eigentlich dabei gedacht?«, handelt es sich um sogenannte Scheinfragen. Hierbei ist der*die Kritiker*in nur selten an den wahren Hintergründen interessiert. Letztlich transportiert diese rhetorische Frage einen Vorwurf, wodurch das Gespräch schließlich eskalieren kann.

Auch wenn seitens des Kritikgebers echter Ärger über die Situation und das Verhalten des Gegenübers steckt, sollte immer davon ausgegangen werden, dass das Gegenüber nicht aus böser Absicht gehandelt hat. Hier ist es hilfreich, zunächst einmal von dem »guten und berechtigten Grund« für das Handeln auszugehen, wie bereits im Kapitel 3.6.3 beschrieben wurde. Andernfalls läuft der Kritikgebende Gefahr, dass das Gegenüber so verunsichert wird, dass er*sie versucht, spätere Fehler zu verheimlichen.

Vermeidung von Übertreibungen
Übertreibungen, wie: »Das habe ich Dir doch schon tausendmal gesagt!«, sind für eine gute und konstruktive Zusammenarbeit wenig unterstützend und führen höchstens dazu, dass die Stimmung beeinträchtigt wird. Auch hier fühlt sich der*die Kritisierte abgewertet und ungerecht behandelt.

Verwendung von Ich-Botschaften
»Du sollst mich nicht unterbrechen, wenn ich mitten im Gespräch mit Eltern bin!« Diese Form der Du-Botschaften klingt schnell wie eine Anschuldigung oder eine Erziehungsmaßnahme. Für ein konstruktives Gespräch ist es sinnvoller, wenn der*die Kritiker*in die Situation mit Hilfe von »Ich-Botschaften« aus seiner*ihrer Sicht heraus schildert. So wird die persönliche Meinung zum Ausdruck gebracht: »Mein Eindruck war, dass die Unterbrechungen während meines Gesprächs mit Frau Meyer dazu führten, dass ich etwas aus dem Konzept geraten bin und mich erst einmal neu sammeln musste, um Frau Meyer mein Anliegen mitzuteilen. Lass mich deshalb das nächste Mal das Gespräch in Ruhe zu Ende führen.«

Wertschätzung äußern und positive Aspekte benennen
Jede*r weiß aus eigener Erfahrung, dass es deutlich leichter fällt, Kritik anzunehmen, wenn man sich sicher ist, dass man als Mensch und im Tun und Handeln geschätzt wird und einem keine Steine in den Weg gelegt werden sollen. Daher sollte in jedem Kritikgespräch auch mindestens ein positiver Aspekt angesprochen werden, wie z. B.: »Ich schätze deinen einfühlsamen Umgang mit den Eltern sehr, grundsätzlich ist es für die weitere Zusammenarbeit mit den Eltern hilfreich, wenn wir uns zukünftig noch mehr absprechen.«

Raum für die Sichtweise des anderen
Der*Die Kritisierte sollte immer auch die Gelegenheit bekommen, seine Sichtweise zu beschreiben und darzulegen. Auf diese Weise fühlt sich der*die Kritikbekommende ernst- und wahrgenommen. Wenn er*sie die Kritik unangemessen empfindet, hat er*sie so die Möglichkeit, Gegenargumente anzubringen und die Situation ggf. richtigzustellen.

Gemeinsame Entwicklung von Lösungswegen
Auch das ist vielen aus eigener Erfahrung vertraut. Es ist mehr als unangenehm, wenn man aus einem Kritikgespräch kommt und keine Ahnung hat, wie das kritisierte Verhalten oder Handeln anders zu machen ist. Hilfreich ist es hier, gemeinsam Lösungsansätze zu entwickeln. Dazu können von dem*der Kritikgebenden erste konkrete Ideen und Anregungen eingebracht werden. Es sollte aber immer genug Spielraum bleiben, dass der*die andere sich mit seinen*ihren individuellen Fähigkeiten und Möglichkeiten einbringen kann, um daraus eigene Erfolge ableiten zu können.

Selbst wenn alle diese Punkte für konstruktive Kritik berücksichtigt werden, ist nicht ausgeschlossen, dass sich der*die Kritisierte angegriffen fühlt. Oft trifft die Kritik beim Gegenüber auf ein geringes Selbstwertgefühl oder eine narzisstische Kränkung.

Um dies bestmöglich zu umgehen, sollte eine kritikgebende Gruppenleitung, getreu dem Motto »Schatzsuche statt Fehlerfahndung«, das gewünschte und angestrebte Verhalten in den Fokus stellen und nicht die begangenen Fehler. Das findet dann konkret wie folgt seine Anwendung:

Die Aufmerksamkeit und Energie der kritikgebenden Gruppenleitung konzentrieren sich auf den Lösungsweg und nicht auf das Problem.

Dem*Der Betroffenen wird das gewünschte Verhalten als Ich-Botschaft vermittelt. Dadurch fühlt der*die andere sich nicht angegriffen und braucht sich nicht zu verteidigen.

Durch die gemeinsame Formulierung der angestrebten Wunsch- und Zielsituation werden sowohl der*die Kritikbekommende als auch der*die Kritikgebende motiviert, auf die gemeinsam vereinbarte Lösung hinzuarbeiten.

Gemäß der selbsterfüllenden Prophezeiung erübrigt sich durch ihre klare Zielvorstellung und ihre damit verbundene veränderte Haltung oftmals das anstehende Gespräch, weil der*die Betreffende sich wie von selbst anders verhält.

Zur Vorbereitung für ein solches Gespräch finden Sie beim digitalen Zusatzmaterial einen Leitfaden zur Vorbereitung von Kritikgesprächen.

Gesprächsvorbereitung für Konfliktgespräche

Sollte bei aller Sensibilität und konstruktiver Vorgehensweise das kritisierte Gegenüber sich als uneinsichtig und kritikresistent erweisen, geht es schließlich nicht darum, aus lauter Harmoniebestreben, die Dinge nicht klar und auch scharf beim Namen zu nennen. Das wäre ziemlich unproduktiv. Außerdem gibt es Teammitglieder, mit denen man nicht diskutieren kann, weil sie von vornherein nicht zuhören, mit subtilem Machtkampfgehabe reagieren oder (was leider auch vorkommt) einfach intellektuell nicht in der Lage sind, die vorgebrachten Argumente nachzuvollziehen. In solchen Situationen sollte die Gruppenleitung sich nicht länger an den vorhandenen Spannungen und Widerständen abarbeiten. Hier gilt es, die Leitung der Einrichtung einzubeziehen und mit deren Unterstützung nach Lösungsmöglichkeiten zu suchen. Eventuell können auch ein*e Coach oder Supervisor*in von außen dazukommen, um den Prozess zu begleiten.

Als gutes Vorbild zur Entwicklung einer konstruktiven und produktiven Kritikkultur sollte eine Gruppenleitung nicht nur Kritik äußern, sondern andererseits auch konstruktive Kritik annehmen können. Dabei können folgende Anregungen wiederum für Sie als Gruppenleitung hilfreich sein:

Nötige Distanz
Für keinen ist es angenehm, mit den eigenen Fehlern und Schwächen konfrontiert zu werden. Daher ist es mehr als normal, darauf erst einmal mit Verteidigung, Rechtfertigung oder Gegenangriff zu reagieren. Gehen Sie gedanklich und emotional erst einmal einen Schritt zurück und betrachten Sie die ganze Situation aus der Distanz heraus, bevor Sie spontan reagieren.

Keine Rechtfertigung
Nehmen Sie die Kritik erst einmal zur Kenntnis und lassen diese sacken. Verzichten Sie auf lange Erklärungen, die letztlich nur vom Kern der Kritik wegführen und ablenken sollen.

Zuhören
Hören Sie erst einmal genau hin, was der*die Kritikgeber*in Ihnen mitteilen möchte. Achten Sie dabei auf die Punkte, die bemängelt und kritisiert werden. Welche Begründungen werden angeführt?

Nachfragen
Wenn Sie den Standpunkt Ihres Gegenübers nicht nachvollziehen und nicht verstehen können, was ihn*sie stört, fragen Sie nach. Bitten Sie ihn*sie darum, die bemängelten Punkte zu konkretisieren. Fragen Sie auch nach konkreten Wünschen und Verbesserungsvorschlägen.

Respektvoller Umgang
Fühlen Sie sich ungerechtfertigt kritisiert, wird der*die Kritikgeber*in persönlich oder vergreift er*sie sich im Ton, bitten Sie Ihr Gegenüber, sich auf übliche und respektvolle Kommunikations- und Verhaltensformen zu

besinnen. Sie brauchen sich nicht von Ihrem Gegenüber anbrüllen zu lassen. Sind die Emotionen in diesem Moment nicht zu beruhigen, sollten Sie das Gespräch zu einem anderen Zeitpunkt fortsetzen.

Kritik abwägen und annehmen
Jedes Feedback und jede Kritik ist zu guter Letzt nur die Meinung eines Einzelnen. Vergleichen Sie diese mit Ihrer Sicht. Gleichen Sie Ihre Selbstwahrnehmung mit der Fremdwahrnehmung ab. Stellen Sie sich folgende Fragen: Hat der*die Feedback- bzw. Kritikgeber*in vielleicht Recht in einzelnen Punkten? Kann ich mich weiterentwickeln, wenn ich die Anregungen und Impulse annehme? Bin ich bereit, mich zu verändern? Ggf.: Was spricht dagegen?

Dankbar sein
Zeigen Sie sich dankbar dafür, dass Ihr Gegenüber den Mut aufgebracht hat, um mit Ihnen ein Feedback-/Kritikgespräch zu führen. Das zeugt von seinem*ihrem Interesse an der weiteren Zusammenarbeit. Ihr*e Teamkolleg*in eröffnet Ihnen damit gleichzeitig die Möglichkeit, die Arbeitsatmosphäre positiv zu beeinflussen.

Hilfreich und unterstützend kann es auch sein, für die pädagogische Arbeit mit Kindern, Eltern und Kolleg*innen eine Art Verhaltenskodex zu verhandeln und zu beschreiben, der die Basis für die Zusammenarbeit bildet. Werden Abweichungen von diesen Vereinbarungen und Absprachen beobachtet, verpflichten sich die Kolleg*innen gegenseitig, dies konstruktiv anzusprechen und so eine Veränderung zu ermöglichen. Als Gruppenleitung bekommen Sie so eine größere Klarheit, wann Sie was mit den Kolleg*innen ansprechen sollen und sogar im Einzelfall müssen. Beim digitalen Zusatzmaterial finden Sie eine Anregung, wie Sie diesen Verhaltenskodex miteinander entwickeln können.

Verhaltenskodex

Auch wenn niemand gerne kritisiert wird, ist Feedback zur eigenen Arbeit sehr wichtig, um sich persönlich und im Team weiterzuentwickeln. Wer langfristig keine Rückmeldung erhält, arbeitet auf Dauer gesehen schlechter und bekommt möglicherweise das Gefühl, dass sich niemand für ihn*sie interessiert. Richtig angewendet, kann Kritik daher Fortschritte auf persönlicher Ebene bewirken und die Zusammenarbeit im Kleingruppenteam langfristig verbessern. Das wünschen sich in der Regel sowohl Gruppenleitung als auch Teammitglieder gleichermaßen. Eine konstruktive Kritikkultur wirkt positiv auf die Arbeitsatmosphäre, stärkt den Teamgeist und beeinflusst die gemeinsame pädagogische Arbeit mit Kindern und Eltern.

4 Abschließende Worte

Seit ein paar Jahren gebe ich nun regelmäßig Seminare, die sich mit Haltung, Rolle und Aufgaben einer Gruppenleitung in der Tageseinrichtung beschäftigen. Es kommen die unterschiedlichsten Menschen mit ihren ganz individuellen Erfahrungen und Eigenschaften zu diesen Seminaren.

Ob jung oder alt, erfahren oder unerfahren, männlich, weiblich oder divers, …, ich erlebe diese Berufsgruppe als sehr interessiert, motiviert und engagiert. Allen ist gemeinsam, dass sie etwas für Kinder bewirken und ggf. auch verändern möchten. Sie verbringen gerne Zeit mit den Kindern und stellen sich immer wieder neuen An- und Herausforderungen.

Viele zeigen eine hohe Bereitschaft zur Selbstreflexion, um Ihre pädagogische Arbeit mit Kindern und Eltern weiterzuentwickeln. Eine gute Zusammenarbeit im Team liegt den meisten am Herzen. Aber genau dafür bedarf es Raum und Zeit. Zusammenarbeit im Team und die verantwortungsvolle Übernahme der vielseitigen Aufgaben als Gruppenleitung können und dürfen nicht einfach so nebenbei erledigt werden. Leitungskräfte und Träger haben hier die Aufgabe und Verantwortung, Zeitfenster und -ressourcen zur Verfügung zu stellen, die Kleinteambesprechungen ermöglichen, damit der Grundstein für eine gute Zusammenarbeit in den Kleinteams überhaupt aktiv gestaltet und umgesetzt werden kann. Dies Bedarf grundsätzlich der Bereitstellung und Schaffung von strukturellen Rahmenbedingungen auch von gesetzlicher und politischer Seite. Hier bleibt m. E. die Strukturqualität auf lange Sicht noch verbesserungswürdig und -bedürftig.

Um den täglichen Herausforderungen als Gruppenleitung auch weiterhin gut gewachsen zu sein, möchte ich daher jede*n dazu einladen, im Sinne von Achtsamkeit und Selbstfürsorge immer wieder gut auf sich selbst zu achten.

Am Ende des ersten Seminartages bekommen die Teilnehmer*innen von mir daher immer eine wichtige Aufgabe gestellt, die sie noch am gleichen Abend erfüllen sollen. Manch eine*r hat dann schon pflichtbewusst den Stift gezückt, um mitzuschreiben. Sehr zu meinem Vergnügen. Denn die Aufgabe besteht darin, sich an diesem Abend etwas Gutes zu tun: ein langer Spaziergang mit dem Hund, eine gemütliche Tasse Tee, die leckere Praline ... Egal, wie klein diese Geste sich selbst gegenüber ist, wichtig ist es, dies ganz bewusst für sich zu tun und zu genießen. Probieren Sie es einfach mal aus. Sie werden merken, wie gut Ihnen das tut. Bedenken Sie, Sie arbeiten in einem Berufsfeld, wo es tagtäglich darum geht, andere – in diesem Fall kleine Menschen – gut zu versorgen und zu umsorgen. Das geht jedoch nur, wenn Sie auch immer wieder an sich selbst denken und sich selbst etwas Gutes tun. Eine sehr weise Frau hat einmal zu mir gesagt: »Nur wer gut für sich selbst sorgt, kann auch gut für andere sorgen!« Also fangen Sie am besten gleich heute damit an.

Gemeinsam mit einer Kollegin habe ich ein »Selbstfürsorge-Kärtchen« entwickelt, dass Sie stets daran erinnern möchte, wie wichtig es ist, gut für sich selbst zu sorgen, um dem herausfordernden Alltag mit Kindern, Eltern und Kolleg*innen immer wieder gestärkt und kraftvoll entgegentreten zu können.

Selbstfürsorge für Gruppenleitungen

Deine Arbeit mit Kindern, Eltern und Kolleg*innen verlangt manchmal Einiges ab von Dir. Immer wieder begegnest Du der Herausforderung, Deine Gesundheit und Lebensqualität zu erhalten und Deine Arbeit mit Sorgfalt, Energie und Mitgefühl durchzuführen. Daher ist es sehr wichtig, dass Du auf Dich selbst achtest.

Erlaube Dir, für Dich selbst zu sorgen!	*Du bist der wichtigste Mensch in Deinem Leben! Nur, wenn Du selbst genug Kraft hast, kannst Du für andere da sein!*
Übernimm Eigenverantwortung!	*Nimm Dir, was Du und Deine Seele brauchen! Sorge dafür, dass Du Deine Bedürfnisse wahrnimmst!*
Begegne Dir mit Achtsamkeit!	*Sei aufmerksam für den jetzigen Augenblick und spüre, was Du jetzt brauchst!*
Erkenne Deine Bedürfnisse und erfüll Sie Dir!	*Schlafen, Essen, Trinken, Ruhen, Entspannen, Sicherheit, Geborgenheit, Liebe, Beschäftigung, Bewegung, ...*

Abb. 38: Selbstfürsorge-Kärtchen (nach A. Cantzler & A. Klostermann 2016)

Selbstfürsorge-Kärtchen

Am besten hängen Sie sich den Satz der weisen Frau oder das Selbstfürsorge-Kärtchen irgendwo hin, an dem Sie ihn bzw. es nach getaner Arbeit sehen und lesen können. Vielleicht als Kärtchen im Portemonnaie, als Post-it am Armaturenbrett, als Notiz am Kühlschrank etc.

Damit gelingt es Ihnen bestimmt besser, Ihre eigene Selbstfürsorge in Ihren Alltag zu integrieren und diese kleine Anregung nicht nur einmalig nach dem Lesen dieses Buches umzusetzen.

Dank

Es ist vollbracht. Nach gut anderthalb Jahren Recherchearbeit und Schreibzeit ist dieses Buch nun fertiggestellt. In dieser Zeit waren viele an dem Entstehungsprozess beteiligt, denen ich an dieser Stelle ein herzliches Dankeschön aussprechen möchte.

Zunächst richtet sich mein Dank an all diejenigen im Verlag, die vom Lektorat über die Korrektur bis zum fertigen Druck an dem Entstehungsprozess beteiligt waren.

Ein weiteres Dankeschön gilt den vielen Seminarteilnehmer*innen, denen ich in den letzten Jahren in meinen Seminaren »Herausforderung: Gruppenleitung« und »Weiterentwicklung: Gruppenleitung« begegnen durfte. Es gab viele inspirierende Momente durch den nahen Praxisbezug. Viele der Fotos stammen aus diesen Seminaren. Nicht unerwähnt möchte ich hier Frau Hansel aus Haus Neuland in Bielefeld Sennestadt lassen, die das Angebot dieser Seminare erst möglich gemacht hat. Ich schätze sehr, dass Sie immer am Puls des Weiterbildungsbedarfs ist und viele Entwicklungsräume für Referent*innen und Seminarteilnehmer*innen eröffnet.

Ein ganz besonderer Dank gilt meinen Lehrcoaches Heinrich Fallner und Michael Pohl, die mich während meiner Weiterqualifizierung als Coach und Supervisorin sehr geprägt haben. Und natürlich möchte ich auch meiner kollegialen Coaching- und Beratungsgruppe Danke sagen. Der Austausch mit kompetenten Kolleg*innen ist immer wieder sehr bereichernd. Allen voran möchte ich mich bei Anja Klostermann bedanken, eine gute Kollegin und Freundin, die immer wieder die Zeit aufgebracht hat, Teile des Skriptes Korrektur zu lesen, mich inhaltlich zu beraten und auch immer wieder zu motivieren, wenn ich am liebsten alles hingeworfen hätte.

Und selbstverständlich geht ein sehr spezieller Dank auch an meine Familie. An meine Eltern, die mit viel Stolz und Interesse den Entstehungsprozess verfolgt haben. An unsere Tochter, die auch aus der Ferne mir mit viel Zuspruch und Verständnis beigestanden hat. In diesem Fall sind die modernen Messenger-Dienste ein wahrer Segen, da sie auch auf Entfernung Beziehung und Nähe möglich machen.

Insbesondere gilt jedoch mein Dank meinem lieben Ehemann Christof, der mir schon seit vielen Jahren zur Seite steht und meinen beruflichen Weg immer unterstützt hat. Wie heißt es doch so schön: Hinter jeder erfolgreichen Frau steht ein starker Mann …

Die Woche am Dümmer See werde ich gerne erinnern, wo ich mich zum Schreiben in ein Ferienhaus zurückgezogen habe und mein Mann abends nach seiner Arbeit dazu kam. Das war eine sehr produktive und gleichzeitig schöne Zeit. Danke aber vor allem für die nicht ganz einfachen letzten Wochen der Skriptfertigstellung. Jeden Abend und jedes Wochenende traf mein Mann eine Frau an, die sich in ihren Laptop verkrochen hatte und kaum ansprechbar war.

Vielen Dank dafür, dass Du mir den Rücken freigehalten hast, denn ohne Dich bin ich viel, doch mit Dir bin ich mehr …

In diesem Sinne noch einmal herzlichen Dank an alle, die in irgendeiner Form zu diesem Buch beigetragen haben.

Anja Cantzler

Abb. 39: Sonnenuntergang Dümmer

Literatur

Armbrust, J. u. a. (2013): Konflikte managen im Team. Verständigungsprozesse in der Kita. Köln: Carl Link Verlag.
Berne, E. (2001): Spiele der Erwachsenen. Berlin: Rowohlt Verlag.
Birker, G. u. a. (2007): Teamentwicklung und Konfliktmanagement (2., erweiterte Aufl.). Berlin: Cornelsen Verlag Scriptor.
Der Paritätische Gesamtverband (Hg.) (2016): Arbeitshilfe Kinder und Jugendschutz – Gefährdung des Kindeswohl innerhalb von Institutionen (2. Aufl.). Berlin: Der Paritätische Gesamtverband.
Dobelli, R. (2007): Wer bin ich? Zürich: Diogenes Verlag.
Fallner, H. (2015): Der Stochastische Prozess. In: Coaching Reader (S. 47). Bielefeld: Eigenvertrieb.
Frisch, M. (1992): Fragebogen (Erstausgabe 1988). Frankfurt a. M.: Suhrkamp Verlag.
Glasl, F. (2017): Konfliktmanagement. Ein Handbuch für Führungskräfte, Beraterinnen und Berater (11., überarbeitete Aufl.). Stuttgart: Freies Geistesleben.
Haller, Dr. R. (2005): do it yourself – Toolbox-Karten für Management und Mitarbeiterführung. Berlin: Human Ressources rh:hr
Haeske, U. (2008): Team- und Konfliktmanagement, Teams erfolgreich leiten und Konflikte konstruktiv lösen (3. Aufl.). Berlin: Cornelson Verlag Scriptor.
Kaluza, G. (2005): Stressbewältigung. Trainingsmanual zur psychologischen Gesundheitsförderung. Heidelberg: Springer.
Kelch, G. (2009): Teamkonflikte gemeinsam lösen. Beispiele aus der Kita mit praktischen Lösungshilfen. Freiburg im Breisgau: Verlag Herder.
Kindl-Beilfuß, C. (2018): Fragen können wie Küsse schmecken. Systemische Fragetechniken für Anfänger und Fortgeschrittene. Heidelberg: Carl Auer.
Mayer, B. (2007): Die Dynamik der Konfliktlösung. Ein Leitfaden für die Praxis. Stuttgart: Klett-Cotta.
Mayer, C. (2008): Trainingshandbuch Interkulturelle Mediation und Konfliktlösung. Didaktische Materialien zum Kompetenzerwerb (2. Aufl.). Münster: Waxmann Verlag.
Menzi, S. & Züger, R. M. (2007): Selbstkenntnis als Führungsperson – Leadership Basiskompetenz (2., überarbeitete Aufl.). Zürich: compendio Bildungsmedien AG.
Müller, M. (2018): Erfolgreich zusammenarbeiten. Wie aus einer Gruppe ein Team wird. Köln: Carl Link Verlag.
Niemeyer, S. u. a. (2010): Typisch! Kleine Geschichten für andere Zeiten (9. Aufl.). Hamburg: Andere Zeiten Verlag.
Niemeyer, S. u. a. (2010): Oh! Noch mehr Geschichten für andere Zeiten. Hamburg: Andere Zeiten Verlag.

Pohl, M. & Witt, J. (2010): Innovative Teamarbeit zwischen Konflikt und Kooperation (2., überarbeitete und erweiterte Aufl.). Hamburg: Windmühle Verlag.

Rogers, C. (1972/1942): Die nicht direktive Beratung (5. Aufl.). München: Kindler (Original: Counselling and Psychotherapy. Boston, 1942).

Rogers, C. (1961/1973): Die Entwicklung der Persönlichkeit. Stuttgart: Klett.

Ruch, F. L. & Zimbardo, P. G. (1974): Lehrbuch der Psychologie. Eine Einführung für Studenten der Psychologie, Medizin und Pädagogik. Berlin: Springer.

Schulz von Thun, F. (2008): Miteinander reden. Band 1: Störungen und Klärungen – Allgemeine Psychologie der Kommunikation (46. Aufl.). Reinbek: Rowohlt Taschenbuch Verlag.

Schulz von Thun, F. (2010): Miteinander reden 2. Stile, Werte und Persönlichkeitsentwicklung (32. Aufl.). Reinbek: Rowohlt Taschenbuch Verlag.

Tietze, W. & Viernickel, S. (Hg.) (2016): Pädagogische Qualität in Tageseinrichtungen für Kinder. Ein nationaler Kriterienkatalog (5. Aufl.). Berlin: Cornelsen Verlag Scriptor.

Vollmer, G. & Hoberg, G. (1994): Kommunikation. Stuttgart: Klett.

Zeitschriften

Cantzler, A. (2018): Was kann ich von meiner Leitung erwarten? In: Kindergarten heute, Ausgabe 11/12-2018, S. 34–37. Freiburg: Herder Verlag.

Günster-Schöning, U. (2018): »Jetzt reicht's!«. In: Kindergarten heute, Ausgabe 11/12–2018, S. 28–32. Freiburg: Herder Verlag.

Lieb, L. (2018): Welche Rollen spielen Rollen? In: Kindergarten heute, Ausgabe 9–2018, S. 16–21. Freiburg: Herder Verlag.

Pfreundner, M. (2017): Teamentwicklung. In: Kindergarten heute – leiten kompakt. Freiburg: Herder Verlag.

Schulz v. Thun, F. (2010): Das Werte- und Entwicklungsquadrat: Ein Werkzeug für Kommunikationsanalyse und Persönlichkeitsentwicklung. In: TPS: Theorie und Praxis der Sozialpädagogik, Ausgabe 09/2010, S. 19–23. Stuttgart: Klett Kita GmbH.

Internetseiten

Askeljung, G. (2018): Entspanntes Führen durch Zuhören. Verfügbar unter: https://www.askeljung.com/regeln-fuer-aktives-zuhoeren/, Zugriff 5.12.2018.

Gloger, B. (2013): Effektive Wege, um im Team zu entscheiden. Verfügbar unter: https://www.borisgloger.com/blog/2013/06/24/effektive-wege-um-entscheidungen-im-team-zu-treffen/, Zugriff: 05.12.2018.

Heidenbeger, B. (o. J.): Geschichte über das Zeitmanagement. Verfügbar unter: https://www.zeitblueten.com/news/geschichte-zeitmanagement/, Zugriff: 19.11.2018.

Hiding, B. u. a. (o. J.): Die »Vier Zimmer der Veränderung« Eine Methode und ein Analyseinstrument für den Umgang mit Emotionen im Innovations- und Veränderungsprozess. Verfügbar unter: http://miph.umm.uni-heidelberg.de/innogeso/index_htm_files/Zimmer%20der%20Veraenderung_final.pdf, Zugriff: 25.01.2019.

Remmert, G.W. (2001–2011): Lösungen mit System: Methoden der lösungsfokussierten Systemischen Strukturaufstellungen. Verfügbar unter: http://www.wachstums-impulse.de/pdf/loesungen-mit-system-wertequadrat.pdf, Zugriff: 18.01.2019.

Schulz von Thun, F. (o. J.): das Kommunikationsquadrat. Verfügbar unter: https://www.schulz-von-thun.de/die-modelle/das-kommunikationsquadrat, Zugriff: 12.10.2018.

Schulz von Thun, F. (o. J.): das Wertequadrat. Verfügbar unter: https://www.schulz-von-thun.de/die-modelle/das-werte-und-entwicklungsquadrat, Zugriff: 20.12.2018.

Begriffsklärungen

Akronym: Verfügbar unter: https://wortwuchs.net/akronym/, Zugriff: 10.12.2018.

Maslowsche Bedürfnispyramide: Verfügbar unter: https://www.spektrum.de/lexikon/psychologie/Bedürfnispyramide/2010, Zugriff: 10.12.2018.

Link unter:
www.vandenhoeck-ruprecht-verlage.com/
gruppenleitung

Code für Download-Material:
EcPzx8wW